U0647170

国际贸易系列教材

COMPREHENSIVE TRAINING IN
ONLINE STORE OPERATIONS

网店运营综合实训

李小玲 ◎主　编
陈怡然 ◎副主编
梁其钰　苏伊蕾　陈长斌 ◎参编

ZHEJIANG UNIVERSITY PRESS
浙江大学出版社
·杭州·

图书在版编目（CIP）数据

网店运营综合实训 / 李小玲主编. -- 杭州：浙江
大学出版社，2024.5
　　ISBN 978-7-308-24941-6

　　I.①网… Ⅱ.①李… Ⅲ.①网店-运营管理 Ⅳ.
①F713.365.2

中国国家版本馆 CIP 数据核字(2024)第 092750 号

网店运营综合实训
WANGDIAN YUNYING ZONGHE SHIXUN

主　编　李小玲

策划编辑　李　晨
责任编辑　李　晨
责任校对　郑成业
封面设计　春天书装
出版发行　浙江大学出版社
　　　　　（杭州市天目山路148号　邮政编码310007）
　　　　　（网址：http://www.zjupress.com）
排　　版　杭州林智广告有限公司
印　　刷　杭州高腾印务有限公司
开　　本　787mm×1092mm　1/16
印　　张　12.5
字　　数　285千
版 印 次　2024年5月第1版　2024年5月第1次印刷
书　　号　ISBN 978-7-308-24941-6
定　　价　49.00元

版权所有　侵权必究　　印装差错　　负责调换
浙江大学出版社市场运营中心联系方式：0571-88925591；http://zjdxcbs.tmall.com

PREFACE

发展数字经济是把握新一轮科技革命和产业变革新机遇的战略选择。党的二十大报告强调："加快发展数字经济，促进数字经济和实体经济深度融合，打造具有国际竞争力的数字产业集群。"[①]在数字经济快速发展的背景下，越来越多的人将创业的目标瞄准网上开店，网店运营人才的需求量逐年提升。培养合格的网店运营人才是高校电子商务类相关专业的重要职责。本教材旨在通过小红书、淘宝、速卖通、抖店和ITMC商城等五个平台的网店运营综合实训，让学生掌握网店运营的基本知识和技能，为将来从事网店运营推广等相关工作打下坚实的基础。

本教材注重实践操作，含有明暗两条线，明线是小红书、淘宝、速卖通、抖店和ITMC商城等五个电商平台的综合运营，暗线是掌握网店规划、网店开设、网店管理、网店推广、运营评估等网店运营岗位所需的理论知识和实训技能。项目一小红书网店运营综合实训以小红书平台为依托，着重于介绍网店开设前期的市场调研、网店定位、商品选品和网络商品定价的知识和实践技能。项目二淘宝网店运营综合实训以淘宝C店为依托，着重于介绍网店创建、网店装修、商品发布知识以及淘宝网店运营的流程和实践技能。项目三全球速卖通运营综合实训以速卖通平台为依托，着重于介绍商品管理、物流管理、客户管理等知识和实践技能。项目四抖店运营综合实训以抖音个人账号和抖店个人店为依托，着重于介绍图文推广、短视频推广和直播推广等网店推广知识和实践技能。项目五ITMC电子商务综合实训以全国电子商务技能大赛指定的平台软件为依托，着重于介绍销售数据、客户数据和竞争数据等相关知识和技能。

每一个项目的"知识链接"抽取出来，就是一部关于网店运营与推广的理论指导教材。教师和学生可以灵活方便地对教材内容进行组合、增减和替换，即学即练，即练即测。附录部分则提供了任务单和评价反馈表的下载。

本教材的编写得到南京火炬教育信息咨询有限公司总经理陈长斌同志的鼎力支持。编者通过对企业实践案例的分析，梳理了网店运营管理的思路，并深入探讨了校企合作以及产教融合的实践。本教材项目一小红书网店运营综合实训由陈怡然编写，项目二淘宝网店运营综合实训由李小玲编写，项目三全球速卖通运营综合实训由苏伊蕾和李小玲共同编写，项目四抖店运营综合实训由梁其钰和李小玲共同编写，项目五ITMC电子商

---

① 习近平 . 高举中国特色社会主义伟大旗帜　为全面建设社会主义现代化国家而团结奋斗——在中国共产党第二十次全国代表大会上的报告 [M]. 北京：人民出版社，2022：30.

务综合实训与竞赛由李小玲编写。本教材是海南省教育科学规划重点课题"乡村振兴战略下高职农村电商人才产教深度融合的培养模式研究（QJZ20221007）"的阶段性成果，并受到海南经贸职业技术学院双高经费的支持，在此一并表示感谢！

在编写过程中，编者借鉴和引用了大量同行在电子商务、网店运营、网络零售等方面的相关著作、书籍、案例以及互联网上的资料，在此对这些文献资料的作者表示真诚的感谢。本教材涉及大量网店运营平台和网站页面截图、软件与物流公司及其产品，因各种原因未能一一获取授权。本教材仅用于学术研究与课程教学，如认为本教材中提及的公司、产品信息或资料对其权利造成侵害，请向浙江大学出版社及编者书面提出，以便做修改或删除处置。对于任何将本教材所涉及公司、产品信息或资料用于商业目的的行为均须得到权利人的许可或授权。

人工智能技术的进步以及网店运营实践在不断发展中，编者学识和经验有限，书中各种疏漏之处在所难免，敬请读者批评指正。

编者

2024 年 5 月

网店运营综合实训

项目一：小红书网店运营综合实训
- 任务操作：网店规划→网店开设→网店管理→网店推广→运营评估
- 知识链接：市场调研、网店定位、商品选品、网络商品定价

项目二：淘宝网店运营综合实训
- 任务操作：网店规划→网店开设→网店管理→网店推广→运营评估
- 知识链接：网店创建、网店装修、商品发布

项目三：全球速卖通运营综合实训
- 任务操作：网店规划→网店开设→网店管理→网店推广→运营评估
- 知识链接：商品管理、物流管理、客户管理

项目四：抖店运营综合实训
- 任务操作：网店规划→网店开设→网店管理→网店推广→运营评估
- 知识链接：图文推广、短视频推广、直播推广

项目五：ITMC电子商务综合实训与竞赛
- 任务操作：网店规划→网店开设→网店管理→网店推广→运营评估
- 知识链接：销售数据、客户数据、竞争数据

任务描述
学习目标
任务分析
任务分组
任务操作
知识链接
评价反馈
思考与练习

教学资源

目 录
CONTENTS

项目五　ITMC 电子商务综合实训与竞赛

附　录

小红书网店运营综合实训

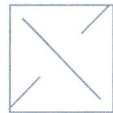

【任务描述】小红书（Little Red Book）是中国最大的社交电商平台之一，于2013年上线，总部位于上海。小红书的主要用户群体是年轻人士，平台上提供了丰富的美妆穿搭、旅游攻略、美食健身等领域的用户生成内容，用户可以在平台上分享自己的购物心得、美妆技巧、生活经验等。小红书通过用户产生的内容和社交关系，为用户提供了购物推荐和购物指导功能，将用户的购物需求和品牌商的商品进行匹配。小红书也提供了在线购物功能，用户可以直接在平台上购买商品。小红书在中国的用户规模庞大，已经成为很多品牌产品的重要营销渠道。本项目的主要任务是在小红书平台进行网店规划、网店开设、网店管理、网店推广以及运营评估等活动，对小红书网店运营进行全面的综合实训。知识链接部分则侧重于对市场调研、网店定位、商品选品和商品定价等任务进行知识储备和扩展。

【学习目标】能力目标

1.能够掌握小红书网店的入驻流程；

2.能够掌握小红书网店平台的商家规则；

3.能够掌握小红书网店运营与推广的基本流程，重点包括市场调研、网店定位、商品选品的渠道和网络商品定价的方法等。

知识目标

1.了解小红书网店创建前期市场调研内容和网店经营环境分析方法；

2.了解小红书网店的风格定位和人群定位等；

3.了解小红书网店商品选品的渠道以及商品定价的方法；

4.了解以小红书网店为代表的手机端移动电商的业务模式以及运营和推广的规则。

素质目标

1.培养学生信息收集、分析的能力；

2.培养学生团队合作的能力；

3.培养学生系统思考和独立解决问题的能力。

思政目标

1.具备爱岗敬业、诚实守信的职业操守；

2.具备严谨负责的工作态度；

3.具备创新意识和勇于探索的创业精神。

【任务分析】网店在创建和运营之前，先要进行市场调研，了解网络经营环境、市场供需状况以及产品的市场竞争等情况，并对网店的风格进行定位，选择细分人群和适合的产品进行销售。商家在选定销售的产品后，要掌握商品定价方法，为后续的运营和推广做好前期的准备。

【任务分组】详见表 1-1。

表 1-1　学生任务分配表

班级		网店名称		指导教师	
组长/学号		组名			
任务分工					
团队成员	学号	负责的分任务		数量（单位）	完成时间

【任务操作】

🖱 任务一　网店规划

为了确保网店能够有效运营和发展，为客户提供良好的购物体验和服务，商家在创建小红书网店前可以从以下方面入手，做好网店规划。

第一，确定网店定位和目标受众。要确定店铺的销售品类以及风格定位，例如美妆护肤、服装潮流、生活家居或者其他类别。以服装为例，要先了解行业现状并预判其发展趋势。选定销售的商品类目后，还需要进一步确定服装风格定位，如职场女装、运动装、休闲装等，然后确定目标受众，如职场白领、运动达人或是其他。

第二，确定商品种类和品牌。根据网店定位和目标受众，确定具体要销售的商品种类和品牌。可以选择自己设计的原创产品，也可以选择代理其他品牌的产品。

第三，确定网店名称和形象。给店铺取一个有吸引力的名称，并设计店铺的 logo 和形象。独特的店铺 logo 和形象能让客户加深对店铺的印象。

第四，确定网店宣传和推广计划。制订店铺的宣传和推广计划，包括线上和线下的推广方式，比如写推广文案、拍摄宣传视频、参加线下市集等，拟定商品营销策略。

第五，确定店铺运营和客服计划。制订店铺的运营计划，包括商品上新周期、价格策略、活动促销等。同时要考虑客服工作，确保及时回复客户的咨询和售后问题。

以上是在开设小红书网店前可以考虑的一些网店规划。根据具体情况和需求，还可以进一步进行规划和调整，如表 1-2 所示。

表1-2 网店规划任务单

调研目的		运营要求： 调研的目的、内容、方法正确合理； 调研的市场现状符合现实情况；调研 的市场发展趋势合理；商品选品依据 充分；网店定位合理
调研内容		
调研方法		
行业现状分析		
行业发展趋势		
商品选品		
网店定位		
其他		

任务二 网店开设

一、网店创建

小红书店铺分为个人店、个体工商户店、普通企业店、旗舰店、专卖店和卖场型旗舰店等。本项目主要讲解小红书个人店铺的入驻流程，主要包括手机端入驻和电脑端入驻。手机端需要提前下载好小红书App，电脑端需要登录网站（https://www.zhaoshang.xiaohongshu.com）。注册需要准备的材料包括二代身份证正反面照片以及根据店铺经营的类目提供对应的资质证书。

手机端小红书个人店入驻流程如下：打开小红书App，点击右下方"我"，点击左上方的三条小横杠"更多"（如图1-1所示），再点击"创作中心"—"更多服务"—"内容变现"—"开通店铺"—"立即开店"（如图1-2所示）。

图1-1 "创作中心"进入的端口

图1-2 选择"开通店铺"的界面

接着需要选择店铺类型：小红书的个人店仅需运营人员的身份证，无须营业执照；个体工商户店需要个体工商户营业执照和运营人员的身份证。下面以"个人店"为例介绍小红书网店在手机端的创建过程。点击"下一步"，如图 1-3 所示，选择商品类型，然后选择经营类目，点击"确认"。如果没有服务商邀请码可以不填，如图 1-4 所示。接下来，需要填写个人信息，包括上传身份证正反面照片，填写姓名、身份证号码和证件地址等信息，进行人脸识别，并填写手机号和手机验证码等相关信息，然后提交入驻审核。

图 1-3　选择店铺类型为"个人店"的界面　　　图 1-4　填写"经营类目"和"邀请码"的界面

二、网店装修

对于小红书的网店装修，本书重点介绍商品详情页的装修，主要包括文字内容和画面内容的设计。

商品详情页的文字内容要尽可能地简明扼要并且卖点突出。首先，商品的文字内容中要突出商品最重要的卖点，这个卖点最好能解决客户的某个痛点。其次，商品的文字内容还要突出商品具有的专业实力，如果有明星或者政府权威部门的检验证明等作为背书，则效果更好。最后，要针对客户给出专业的建议以及使用说明等。例如，服装类产品要写清楚洗涤注意事项等。

商品详情页的画面内容要做到图片既美观又能凸显商品风格。首先，商品的图片要清晰美观，色彩要与商品的外观以及包装的风格统一协调。其次，要在画面中突出商品在生活中的使用场景，最好能够引起客户有代入感的憧憬。最后，要详细展示客户可能会关注的细节图，最好能有一些微距拍摄的商品细节图，以突出商品的品质优良。

手机端的商品详情页装修步骤如下。

第一步，登录小红书商家版App，点击"全部工具"—"发布商品"，如图1-5所示。

图1-5　小红书"发布商品"的界面

第二步，选择好商品类目后，点击"商品详情"即可进行编辑。商品详情中必须有图片，并可以增加商品的详细描述和视频，如图1-6所示。

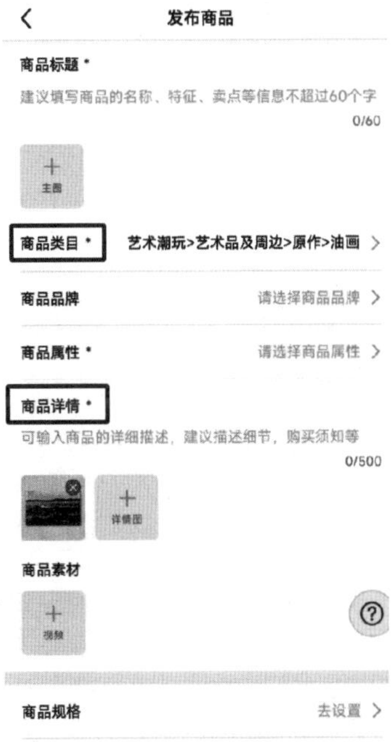

图1-6　小红书"商品详情页"的界面

三、商品发布

小红书的商品发布，在手机端主要有三个步骤。

第一步，登录小红书商家版 App，点击"首页"—"发布商品"。

第二步，选择商品类目，如果销售的品类不止一个，可以点击"新增品类"，增加商品品类，如图 1-7 所示。

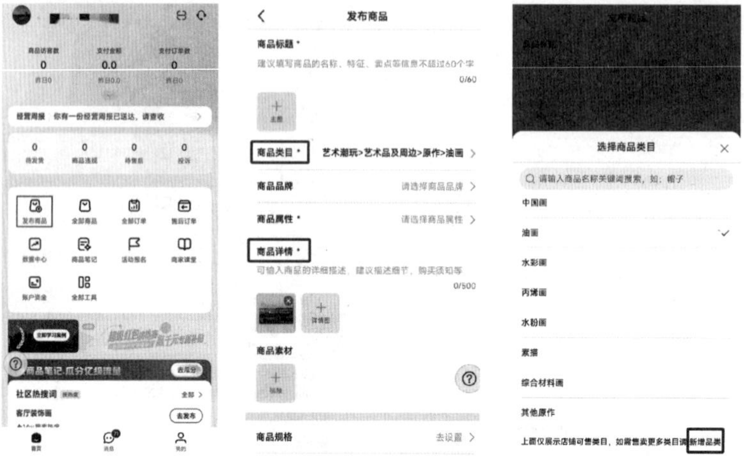

图 1-7　小红书选择商品类目

第三步，填写商品信息，页面中带"*"号的为必填项，如图 1-8 所示为小红书平台上发布商品需要填写的信息。值得注意的是，小红书规范了商品的标题与主图。标题建议填写商品的名称、特征、卖点等信息，并且不超过 60 字；主图像素不低于 800×800 或 750×1000，超过 3MB 就自动压缩，首图禁止出现除 logo 外的其余文字等。关于标题和主图的更多规则，在小红书学习中心（网址为 https://school.xiaohongshu.com/rule/）有详细的介绍，如图 1-9 所示。

图 1-8　小红书发布商品需要填写的信息

图1-9 小红书学习中心的规则中心

任务三 网店管理

一、商品管理

对于小红书的商品管理，本书主要介绍商品发布后的信息管理。先登录小红书商家管理后台，点击"商品管理"—"商品列表"，平台提供了多个条件查询商品信息，如图1-10所示。

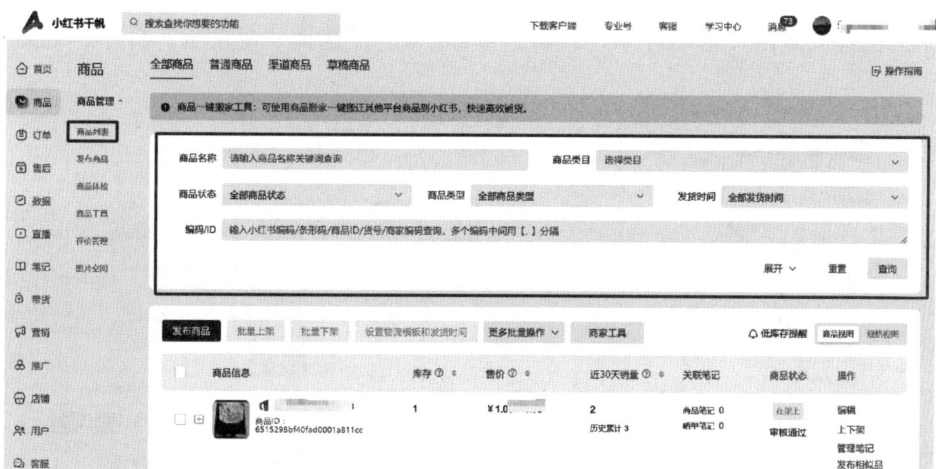

图1-10 商品管理界面——条件查询

在"商品列表"下方是商品宝贝明细，显示有商品库存、售价、销量、商品状态和一些相关操作等。如果商品需要编辑或者优化，可以点击"编辑"，进入商品信息详情页，进行相应的信息编辑和修改。同时，也可以对商品进行上下架操作，如图1-11所示。

图 1-11　商品管理界面——条件查询、编辑、上下架

点击"发布相似品"就会进入商品发布页面，填写商品信息后可以便捷地发布相似商品。在电脑端点击"预览"，会出现一个二维码，在手机上用小红书App扫描二维码就可以看到宝贝在手机网页前端的展示。点击"删除"，即可删除不需要的宝贝。

在小红书商家管理后台页面，还可以对发布的商品库存信息进行修改，点击"✐"图标，即可修改在售中的商品库存数量，也可以在实际库存的基础上做增减。此外，还可以点击"联系客服"进行询问。

二、物流管理

对于小红书的物流管理，本书主要介绍手机端订单发货操作流程。登录小红书商家版App，在首页点击"全部订单"或者"全部工具"，选择"待发货"订单，如图 1-12 所示。

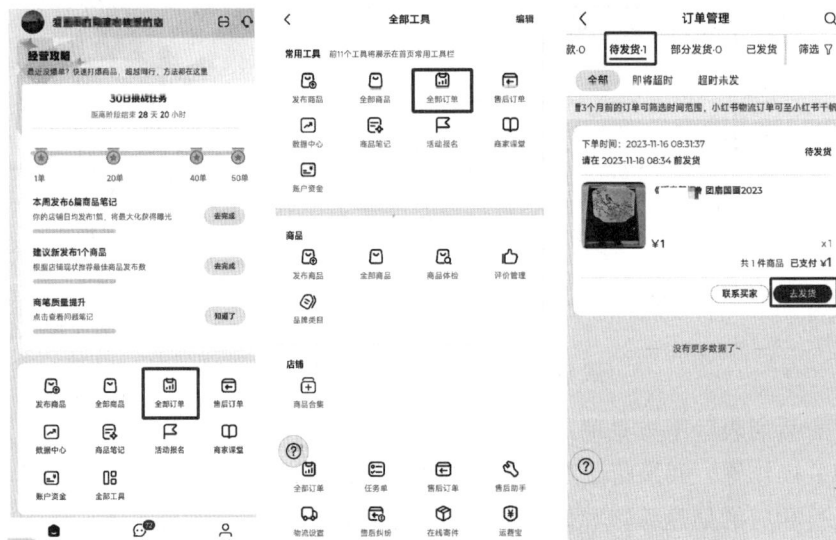

图 1-12　全部订单—待发货界面

选择相关订单，点击"去发货"则转接到订单发货界面，发货可选择"自己联系物流"或"在线寄件"（快递公司上门取件，需要设置好取件地址）。如果是选择"自己联系物流"，则需要输入物流单号和物流公司，输入完成后，再点击"确认发货"，如图1-13所示。值得注意的是，如果客户同时下了多件订单，订单中包含不同商品类型，商家可选择整单发货或者拆单发货。整单发货是指在运单中选择全部商品，填写快递信息，则多个商品同一个包裹发出。拆单发货是指在"运单1"中只选择需要发货的商品，填写快递信息，则对应商品同一运单发出，余下其他商品，可以选择下次再点击进入发货页面进行发货，或者直接点击"添加运单"，在"运单2"中选择商品，填写快递信息操作发货。

点击"全部订单"—"已发货"—"查看物流"，商家就可以查看商品物流，页面会呈现物流信息。

图1-13 小红书订单发货流程

三、客户管理

对于小红书的客户管理模块，本书主要介绍接待客户的步骤。登录小红书商家版App，点击"消息"—"接待"，就可以查看店铺与客户的会话页面，进行客户接待和订单问题处理等。接待页面的会话需要商家进行接待处理，根据店铺不同的接待状态产生相应的会话分配。接待状态分为在线、忙碌、离线3种。当客服状态为在线时，客户会话会主动分配给客服；当客服状态为离线时，将无法分配会话消息，也无法发起会话；当客服状态为忙碌时，将无法分配会话消息，但仍然可以处理会话，如图1-14所示。

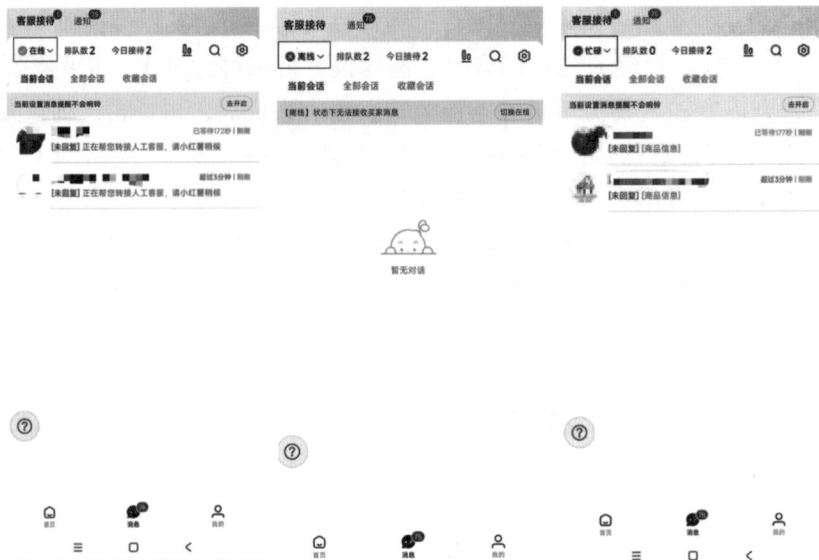

图 1-14　小红书客服 3 种接待状态

此外，在"数据中心"，点击"服务"—"客服"就可以查看店铺的客服数据。

🐾 任务四　网店推广

为了提高网店的曝光率、增加访客量和促成订单，商家要善于使用营销工具去推广店铺。推广小红书店铺可以从以下几种方式入手。

第一，优化小红书店铺页面。确保小红书店铺的页面设计美观、易于客户浏览，且提供清晰的产品图片、产品信息和购买流程。商家可以在笔记中关联商品，这样客户在浏览笔记时可以直接跳转到商品界面，并且可以在笔记中加上热门话题，以获得更多流量。

第二，善用小红书营销活动引流。商家可以根据小红书店铺后台的营销模块，为店铺设置营销活动，如报名参加行业营销活动获得流量、发放优惠券吸引客户下单、添加"晒单有礼"活动增加复购率等，图 1-15 所示为小红书平台上的营销活动。

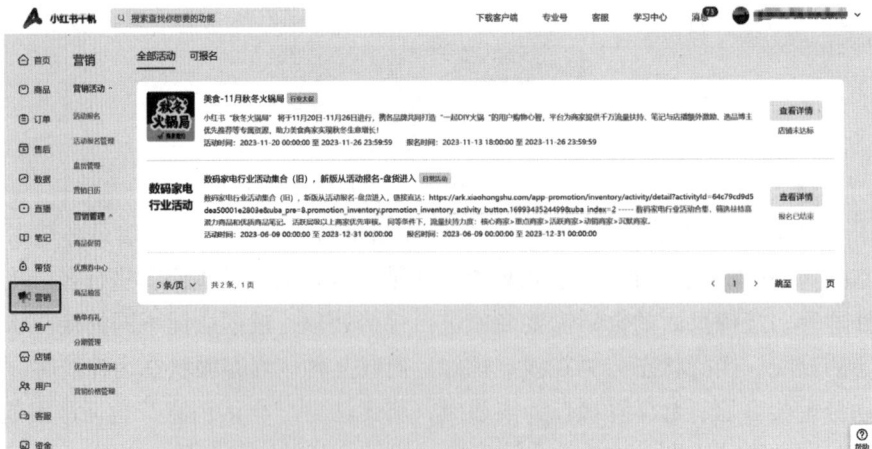

图 1-15　小红书店铺的营销模块

第三，提供优质的营销内容。通过在小红书账号中发布优质的内容吸引客户的关注和兴趣，如小红书笔记、视频、图片等，提供对客户有价值的信息，让客户对店铺建立信任和亲近感。

第四，使用小红书"薯条"付费推广。在发布完商品笔记时，商家可以对笔记进行付费"薯条推广"，如图 1-16 所示，即充值薯币以获得更多曝光。商家还可以选择不同的推广目标，如提高点赞收藏量、笔记阅读量、粉丝关注量等。

图 1-16　小红书笔记付费推广界面

第五，与 KOL（key opinion leader，关键意见领袖）合作。与知名的小红书达人合作，让他们发布小红书种草笔记去推广店铺和产品。利用他们的影响力和粉丝基础，提高店铺的知名度和信任度。

第六，做 SEO（search engine optimization，搜索引擎优化）优化。对小红书笔记、店铺的关键词、描述、标题等进行优化，提高店铺在搜索结果中的排名，并在笔记和产品标题中植入小红书官方推荐的热搜词，提高店铺的曝光度，如图 1-17 和图 1-18 所示。

图 1-17　官方推荐的热搜词

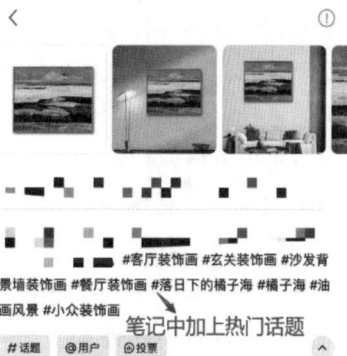

图 1-18　在笔记中加入热搜词

第七，客户口碑营销和多渠道社交媒体联合推广。提供优质的产品和服务，让客户获得良好的购物体验，并主动将产品使用体验分享出去，进行口碑营销。也可以通过营销模块中的"晒单有礼"鼓励客户发布小红书笔记晒单，或是在其他社交媒体分享购买经历，增加店铺的口碑和信誉。鼓励客户将小红书店铺链接分享到其他社交媒体平台，如微博、朋友圈等，吸引更多的潜在客户。利用社交媒体的分享和转发功能提高店铺的曝光度。

总而言之，小红书店铺的推广需要综合运用多种手段和渠道。商家可以根据目标客户的特征和网店的特点不断调整和改进推广策略，以吸引更多的潜在客户，并提高店铺的知名度和销售量。

下面将重点介绍小红书平台的ARK（automated relational knowledge base，自动化关系知识库）电商推广操作流程。ARK电商推广是为小红书商家打造的自动化电商广告投放工具，通过深度贴合电商营销目标，提供一体化的智能投放服务，帮助商家快速实现生意增长。点击小红书商家管理后台，进入推广模块，然后点击"新建推广"按钮，创建推广活动，如图1-19所示。

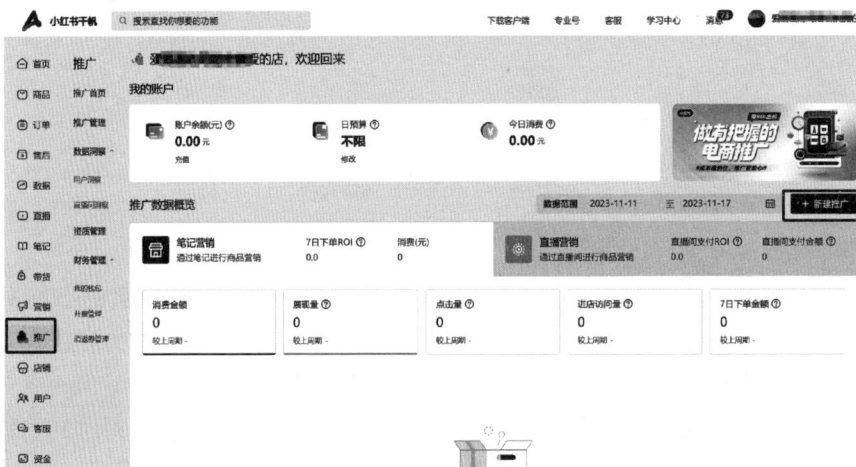

图1-19 小红书商家管理后台推广模块

ARK电商推广工具的目的有两个。

第一，让好内容持续被看见。优质笔记内容是商品成交的高效载体，笔记的自然流量会逐渐衰减，电商推广可以让好内容持续发挥转化能力。

第二，让好产品触达高潜力人群。海量用户在小红书进行消费决策，电商推广可以精准触达潜力人群，让"种草"变成生意。

ARK电商推广适配3种经营角色，分别是店铺运营者、店铺主理人和带货主播。店铺运营者的广告主画像是在站内开通企业店铺或个人店铺，通过持续售卖商品赚取经营利润。其投放入口是使用店铺账号进入商家管理后台的"推广模块"，创建笔记营销或直播营销广告，提升店铺和直播间的交易规模。店铺主理人的广告主画像是在站内开通企业店铺做经营，同时拥有个人身份账号做分享，联动打造更加丰满的品牌形象。其投放入口是使用店铺账号进入商家管理后台的"推广模块",创建广告时选择"主理人笔记",推广店铺关联账号下的商品笔记,利用店主人设提升广告投放效果。带货主播的广告主画像是专业号,身份为个人,未在站内开店,通过直播帮助优质店铺带货,赚取交易佣金。其投放入口是使用个人账号进入直播管理平台"直播推广"模块,创建直播营销广告,吸引更多潜在客户购买直播间商品,提升直播间人气和带货佣金收入。

ARK电商推广有两种出价形式:第一种是系统智能出价。广告主无须设置出价,系统将在达成目标消耗预算的基础上,尽可能下探更低的转化成本。第二种是手动设置价格。广告主可表达愿意为每个转化付出多少成本,系统将会尽可能控制转化成本接近商家所设置的价格。

🔖 任务五　运营评估

为了了解网店的运营效果,优化网店的运营策略和提升业绩,商家需要定期对店铺运营做出评估,以便帮助商家了解市场需求、竞争环境和客户体验等方面的情况,从而做出相应的调整和改进。

登录小红书App,在个人主页点击"管理店铺",或者登录小红书商家版App,点击首页下的任一"指标卡片"或者点击"数据中心"菜单即可进入数据中心,如图1-20所示。

图1-20　小红书数据中心进入界面

总览&流量:在数据总览模块下,可以通过实时数据,快速发现当天经营问题;可以根据近期的核心经营指标,了解交易状况并定位经营问题;还可以在流量来源模块,清楚地知道商品详情页的访客以及已支付的客户进入网店的渠道端口,商家可以根据其了解的情况改善营销策略，提高转化率，采用差异化的运营策略。图 1-21 所示为总览和流量的数据中心界面。

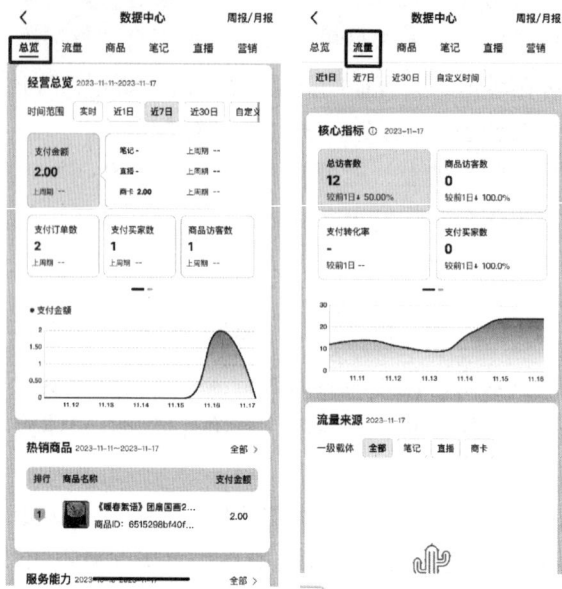

图 1-21　数据中心"总览"和"流量"界面

商品&笔记：在商品模块下，商家可以根据每个商品的支付金额、流量和转化榜单等去了解当前和近期热销的商品，以便优化商品信息。在笔记模块，商家可以查看自己发布的商品笔记和全部笔记的核心数据。笔记的交易和流量价值，不仅能直接带来成交和流量，还能为店铺引流，为商品成交种草。在笔记列表内，可以进入笔记详情页，优化笔记的内容。图 1-22 所示为数据中心的"商品"和"笔记"界面。

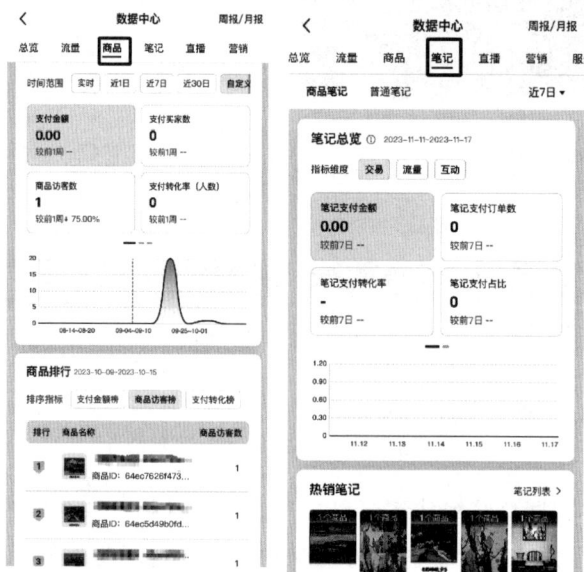

图 1-22　数据中心"商品"和"笔记"界面

服务：在服务模块，可以看到售后、物流、客服三个主要模块的数据。在售后模块，可以查看退款金额、退款时长等核心数据；退款商品列表可以帮助商家及时发现商品的问题。在物流模块，可以看到发货、揽件、签收等各环节的核心数据；同时，可以看到使用物流商的情况，以便及时做调整。图 1-23 所示是数据中心的"服务"模块界面。

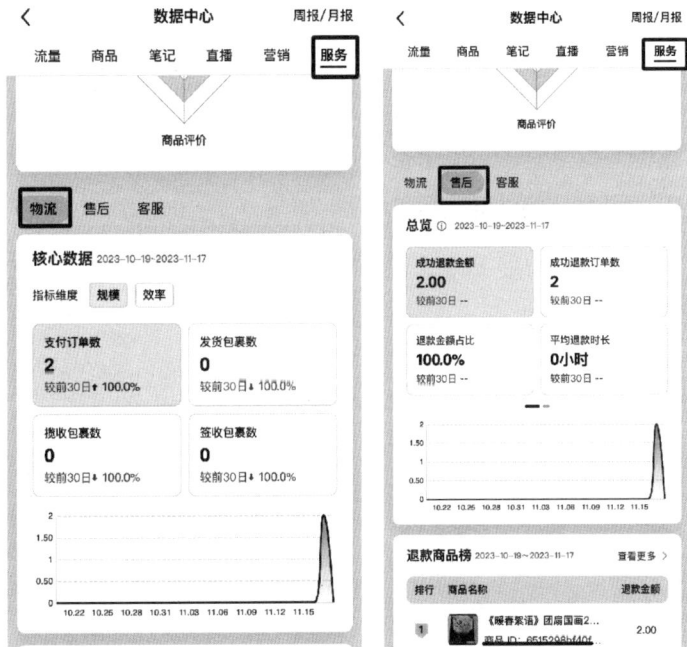

图 1-23　数据中心"服务"模块界面

【知识链接】

网店在创建和运营之前，先要进行市场调研，了解行业的市场情况，决定网店经营与否以及销售的具体产品等。

一、市场调研

网店的市场调研与传统市场调研在方法和原理上基本类似，主要包括电商市场调研和网店经营环境调研。通过电商市场调研了解网络市场需求情况、客户、竞争对手、合作者以及行业中立者、营销组合等因素，分析网店经营的环境，为后续运营奠定坚实的基础。

微课精讲：网络市场调研方法和步骤	学习笔记
	_____
	_____
	_____

1.网店市场调研的内容

网络市场调研需要在明确调研目标的基础上确定调研的内容，具体内容如下。

（1）网店经营环境

网店经营环境的调查主要包括三项内容：第一，政治法律环境调研，包含国家方针政策，相关法律条例，国家有关重大活动、重大事件等。例如，拟在国际自由贸易港（区）经营跨境电商店铺的商家，需要了解跨境电商进出口的国家政策和法律法规，再进行相关的经营决策。第二，经济环境调研，包含电商经济发展状况、网民人口及其增长趋势、消费结构水平、物价水平和收入水平等。这些调研将决定网店定位以及商品定价等经营决策。第三，技术环境调研，包含新技术、新工艺和新材料发展，技术引进与技术改造现状，基础研究、应用研究、开发研究的水平和发展趋势等。这些调研将决定网店的商品选择等决策。

（2）网络市场需求情况

网络市场需求情况调查是指通过对某一产品的网络市场需求量的调查来为该产品进行市场定位，目的在于掌握网络市场需求量、市场规模、市场占有率，以及如何运用有效的经营策略和手段。为了更精准地判断市场规模，还需要对网络市场整体容量进行综合分析。一般而言，网络市场容量越大，可以容纳的商家数就越多，商家发展空间就越大。商家通过市场容量的调研可以预判未来的发展空间，从而作为未来网店运营决策的依据。

（3）消费者

网店营销面向的是不同地区甚至不同国家、不同民族、不同文化习惯、不同消费水平的消费者，差异性非常大，客户群比较复杂。不同的消费人群有不同的购买动机、购买心理及购买习惯，所以企业就需要针对自己的目标客户群进行调查。消费者购买行为调查具体包括：消费者的家庭、地区、经济状况等基本信息，消费者的购买动机和消费者喜欢在何时、何地购买。商家应通过网络全程跟踪目标消费者购买行为，调查消费者的购买意向，鼓励消费者对产品或服务提出意见，并分析整理，作为管理决策和营销策略的依据。

（4）竞争对手

在商场竞争中，只有知己知彼，才能做到百战百胜。在网络营销环境下，分析竞争对手带来的营销威胁对商家分析行业环境及调整网络营销策略有重要影响。对于竞争对手的调查，一般可以从以下方面进行：竞争对手的数量与规模、竞争对手的分布与构成、竞争对手的优缺点、竞争对手的营销策略及潜在竞争对手出现的可能性等。调查竞争对手可以通过竞争者的网店、自身客户的对比反馈、竞争者的一些营销活动及有关竞争者网店经营信息等，有甄别地进行数据及资料收集，并分析其对自身的威胁或可能带来的机会，再调整制定新营销策略。

（5）企业的合作者及行业的中立者

商家的联盟企业，或供应商、第三方代理及无关企业利益的中立者提供的某些行业评估信息及与运营相关的信息，也能为商家的营销策略提供极有价值的信息数据，值得商家关注。

（6）营销组合

具体包括网络营销策略中的产品调研、价格调研、分销调研、广告和促销调研等营销因素组合。

2. 网店经营环境分析

网店经营环境分析可以采用SWOT分析法，即结合内部、外部竞争环境与竞争条件进行态势分析，把与研究对象有密切关系的各种主要的内部优势、劣势和外部的机会、威胁等因素，通过调查与列举并利用矩阵排列，然后运用系统分析的方法，把各种因素相互匹配并得出系列结论，结论一般会带有一定程度的决策性。通过SOWT分析方法，可以全面、系统、准确地研究相关对象，并可依据研究结果确定相应的营销策略以及计划等。其中，S（strengths）是优势，W（weaknesses）是劣势，O（opportunities）是机会，T（threats）是威胁。

网店商家可结合内外部环境进行整体分析，并思考如何去开展自己的网店经营，在此基础上进一步思考自己的业务规划。

（1）自身优势（S）

创建网店前，商家首先要思考自身经营网店有哪些优势，因为网店商家数量众多，要想脱颖而出，必须具备一定的优势才能有立足之地。在网店运营中，如果产品有独特的卖点或者商家具有优质的货源，则更容易在市场竞争中生存和发展。同样价格的产品，如果具有比竞争对手更多的技术优势、品牌优势则更容易获得客户的青睐。如果在网店经营过程中，可以将各个环节的成本控制得比竞争对手低，那么产品在价格上就会有优势，经营风险也会相应降低。此外，网店商家还需要考虑自身的优势是否能在市场中被明显看到，因为并不是任何优势一定能被客户了解到，这也是营销需要考虑的因素。

（2）自身劣势（W）

网店，特别是刚刚创建的网店，经常会存在某些劣势。作为网店商家，需要了解自身的劣势，以及需要重点改进的地方。例如，企业在某些比较成熟的细分市场处于落后状态，一时难以赶超，或者企业的电商团队不如竞争对手专业等情况，都可能是企业的劣势所在。只有不断改进，并有针对性地进行调整，才能扬长避短，在激烈的竞争中生存和发展。

（3）外部机会（O）

作为网店商家，首先要时刻关注外部环境发展，了解发展趋势，寻找发展机会。例如，来自技术或者市场方面的扩张或者收缩的变化带来的机遇，以及一些新技术的发展可能会带来一些新的产品和新的市场，及时了解到这些技术或者市场的变化，更容易占得先机。其次，与商家即将经营的领域相关的政策法规的变化也可能成为机会，当国家和政府支持某些行业发展，对其进行一定扶持或有相关利好政策时，如果能及时了解这些变化并进行经营策略的调整，更容易获得竞争优势。此外，在当前社会的发展趋势下，人们生活的变化以及不同地区当地的发展可能也会蕴含着新的商机待发掘。

（4）外部威胁（T）

外部环境存在着机遇，同时也有威胁和挑战。网络零售发展已经过了最佳红利时期，行业竞争越来越激烈，细分市场上的商品同质化现象严重，价格战白热化，企业的利润被不断瓜分，这些都可能是网店商家面临的外部威胁。而且，电商市场人才匮乏，人才抢夺战也越来越激烈。作为网店商家，需要了解和分析外部的市场情况，了解竞争对手的发展状态和经营策略，知己知彼，百战不殆。

进行SWOT分析后，网店商家在清楚了自身的优势、劣势，了解了外界的机会和威胁后，应该在综合考量下制定经营发展目标和经营策略。

二、网店定位

随着越来越多的商家进入网络市场，网店运营逐渐变得规模化、系统化和技巧化。商家在进行SWOT分析经营环境后，要根据自身情况综合考量并提前做好网店定位，即重点针对具有某些共同偏好特征的客户群体销售产品。

1. 风格定位

风格定位需要根据产品的特点或者独特的经营理念去打造个性化的形象。网店风格定位清晰、个性新颖，更容易获得推荐流量，因此网店商家要积极打造个性化的网店。

网店的风格定位主要体现在装修风格上，商家可以自己设计装修模板，也可以在装修市场上直接购买现成的装修模板。首先，为了更好地凸显网店的个性化风格，网店商家在装修时，要尽量细化模板项目，精确到某一细分垂直领域，直接表明商品的单一属性。例如，女装可以根据客户身份或使用场景定位为孕妇服装、运动休闲装或上班族套装等。在一个小的细分市场上精耕细作，深入研究这一细分客户群的偏好，为其提供更专业的服务，可以让客户有更好的体验和更强的归属感，增加客户黏性，提高客户的满意度和复购率。其次，精确到细分垂直领域后，网店商家可以在模板的基础上，进行个性化的设计和再创作，增添精心制作的图文和视频，设计独特的点缀素材，打造独有的网店风格。最后，网店的风格定位也需要考虑竞争对手的定位情况，及时进行调整和不断改善，努力创建独树一帜的网店风格，给客户留下深刻的印象。

2.人群定位

网购人群数量庞大，截至 2022 年 12 月，国内网民规模达 10.67 亿，较 2021 年 12 月增长 3549 万，互联网普及率达 75.6%[①]。网店商家应该选定具有某些共同偏好的目标人群进行分析和定位，以便更精准地定位网店。分析目标客户群的偏好和特征，并有针对性地进行产品定位、价格定位、盈利策略定位、营销策略定位以及竞争力定位等，更好地服务目标客户群，这是网店运营推广的重要基础。二八定律指出，20% 的优质客户能带来 80% 的利润，所以网店商家需要明确 20% 的优质客户群，分析其性别、年龄层、爱好、需求、购物习惯等，这样才能进行精准营销，提高成交率。

三、商品选品

商品是网店的立足之本，坊间的说法"三分靠运营，七分靠选品"，也可以看出选品的重要性。网店选品一般是根据网店的风格和客户群定位，选择有竞争优势的商品。网上销售的商品一般可以在以下渠道中进行选择。

1.传统批发市场

这是最常见的一种选品进货渠道。各地商品批发市场很多，如北京的西直门、秀水街，上海的襄阳路、城隍庙，广州流花服装批发市场，义乌小商品城等。在网店开设的最初阶段，如果商品销量达不到一定数量的话，在本地批发市场进货，就可以满足网店的需求。如果商品的销售量较大，就可以转向商品的原产地，这样可以拿到较低价格的商品，从而获得更多利润。

网店商家应该熟悉各大小批发市场，选择合适的商品，多跟批发商交流，争取建立稳定的客户关系。以下两个因素能影响到批发商给予的优惠力度：第一个是首次进货金额。如果网店商家首次进货金额太少，批发商就会认为网店商家没有实力。第二是补货的频率。如果网店商家经常到批发商那里去补货，即使数量不多，但批发商还是认为其货物周转快，能够带来长期的效益。批发商可能会给予较大的优惠力度，并且一旦有新货会尽快通知网店商家。此外，如果成为批发商的重要客户，批发商也更乐意透露商品近期的销售信息以及行业的行情，这会让网店商家对市场和客户的判断更准确。在传统批发市场选品的优点是品种齐全、更新快、价格低廉；缺点是特色产品不多，容易断货。

2.品牌代理商

品牌代理被许多人称为利用"拿来主义"赚钱，就是厂商通过契约形式授予某个个体户或公司销售其产品的权力。一般说来，品牌代理商可以以一个较低的折扣拿到品牌产品，然后再以全国统一的零售价销售，其中的差价成为品牌代理商的主要利润来源。

---

① 数据来自中国互联网络信息中心（CNNIC）第 51 次《中国互联网络发展状况统计报告》

品牌代理商的核心就是开拓市场，市场越广阔、销售量越大，代理商赚取的利润也就越大，它不需要动用自己的流动资金，不需要拥有大量库存，承担风险相对较小。

做品牌代理，选一个好的产品事关成败。有些产品虽然不知名，本地市场还没有或者尚不为大多数人所知，但是有潜在的持续的市场前景，具有一定的亮点或竞争优势的产品可能就是网上销售的好产品。经过一段时间的经营，此品牌有可能知名度大幅提升。如果选择的是知名品牌产品，前期的投入会比较大，需要商家有雄厚的资金实力。做品牌代理的优点是渠道正规、货源稳定；缺点是价格相对较高。

3.厂家货源

到厂家选货也是一个常见的渠道。去厂家选货进货，可以拿到更低的进货价，但是批发量要求较高，一次进货金额通常要求会比较高，这无形中会增加经营的风险。如果有足够的资金又不怕承担压货的风险的话，到厂家选货并以较低的价格拿一手货源，是一个不错的途径。

在传统渠道销售中，产品被厂商生产出来，经过经销商、代理商、零售商等四五个层级后，最终到客户手中的时间一般需要个把月甚至几个月，因为产品在每一级渠道商手中都会有积压，而在这段时间里产品就在贬值，这导致厂商的毛利率一直不高。厂商为了提高毛利率实际上一直希望减少层级，直接与大的终端零售商合作。网店商家可以利用电商平台，减少中间商层级，只要有足够的销售量，就可以从上游厂家拿到较低的价格，这样竞争优势就比较明显。厂家选品的优点是价格便宜、货源充足、质量有保障等；缺点是投入大。

4.品牌积压商品

有些品牌商品的库存积压很多，一些商家干脆将库存以较低的价格卖给网店商家。不少品牌虽然在某一地区属于积压商品，但是网络覆盖面广，在其他地方可能成为畅销品。这种选品方式的优点是商品价格低、品种多、具有地域性、质量好；缺点是数量大、款式过时等。

5.民族特色商品或手工艺品

民族特色商品或手工艺品有个共同的特点，就是商品具有特色、稀有，可以凸显个性。选择这样的商品特别能被追求个性的客户所接受。

6.网络批发

电商模式日趋成熟，现如今网络商品批发网站越来越多。网络上价格公开透明，比起传统市场更容易找到真正的一手货源的供应商。如阿里巴巴集团的1688网站就是专为采购批发的网店商家提供的选货平台，如图1-24所示。网络批发的优点是明码标价，单件商品价格、批发商品价格和起批数量都是公开的，以便进货者比较；商品齐全；省时省力，免去了讨价还价的麻烦；进货效率高，不受时空限制；可以向网络批发商索要精美的商品图片和统一规范的商品介绍。缺点是议价能力低，折扣小。

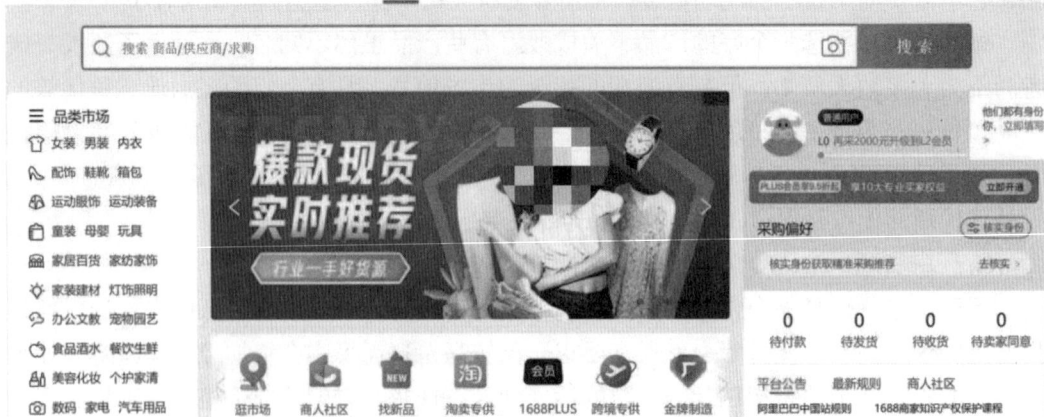

图 1-24　网络批发网站

7.网络代销

网络代销又称网店代理，是指某些提供网上批发服务的网站或者能提供批发货源的销售商，与想做网络代销的商家达成协议，为其提供商品图片、商品介绍等资料，并以代销价格提供给网店代销人销售。例如淘宝网的供销平台，一般来说，网络代销人将批发网站所提供的商品图片等数据放在自己的网店上进行销售，有了订单后将订单发给批发网站，批发网站为其代发货。销售商品只从批发网站发出到网络代销人的客户处，网络代销人在该过程中看不见所售商品。网络代销的售后服务也由批发网站提供。

网络代销的盈利主要是靠网络销售价格与批发商提供商品价格的差额。网络代销的优点是几乎不需要资金投入，可以实现零库存，不用自己去联系物流，还有现成的商品介绍、图片等信息，省去了为商品拍照、对商品描述的麻烦；缺点是实物可能与图片不符，商品质量难保障，对产品较陌生等。

8.库存积压或清仓处理的商品

因为急于处理，库存积压或清仓处理的商品价格通常是极低的，如果网店商家有足够的议价能力，可以用一个较低的价格拿货，并转到网上销售，利用网络地域和时空差获得一定的利润。但是采用这种选货方式也要注意，有些商品更新换代很快，如数码产品、手机等，过一段时间，价格降得很快，如果选择的商品无法尽快卖出去的话，很可能商家就会亏钱。这种进货方式的优点是成本较低；缺点是不能控制商品进货的时间、地点等。

9.外贸尾单

外贸商品因其质量、款式、面料、价格等优势，一直是网店商家选品的热门渠道。外贸尾单起源于改革开放后的"出口转内销"。中国的廉价劳动力闻名于世界，所以很多国外公司到中国来加工制造商品，然后运回本国销售。国内厂家在生产完国外的订单后，总会剩下部分尾货，比如生产 10 万件，剩下几百件，那这剩下的几百件就叫作外贸尾单。

外贸尾单生产厂家一般就在国内处理销售商品，所以，外贸尾单经常成为网店商家选品的重要渠道。外贸尾单产品通常价格低廉，因为厂家已经完成订单赚到钱了，剩下的尾单就愿意以较低的价格出手，通常是低于成本价格。这种选货渠道的优点是价格低、性价比高；缺点是颜色和码数可能不全。

10.特殊的选货渠道

随着生活水平的提高，很多客户都喜欢购买海外的食品，以及服装、箱包等各种进口产品。这些产品可能国内市场没有或者价格较高，因此就诞生了网络上的代购商家。因此，海外商品是一种非常好的网店选货渠道。国外的一些品牌在换季或节日前夕，商品折扣都较低。如果在国外有亲戚或朋友，可以帮忙进到一些国内市场上看不到的商品，或者一些价格较低商品。如果生活在深圳、珠海一带，可以办一张通行证，自己去香港、澳门选货。这种选货渠道的优点是能找到稀有的进口产品；缺点是如果出现产品质量问题，追责与索赔比较困难。

四、网络商品定价

网店销售的产品，最主要的竞争优势就是价格低廉。当网店的商品价格低廉，质量又有保障时，网络零售的优势就会凸显出来。对于网店商家而言，如果商品定价过高，则无法吸引流量。中等价位定价范围又太广泛，无法找到真正合适的价位。一味地低价，网店商家又无法赚取利润甚至可能亏本。所以，网店商家需要掌握商品定价的方法。

1.尾数定价

尾数定价是利用客户在数字认识上的某种心理制定尾数价格，使客户产生商品价格低廉、商家定价认真以及售价接近成本等信任感。这种定价方法在大型百货商场中被普遍运用，在网络上也一样适用。比如定价199元的商品在心理上会感觉比定价为201元的商品便宜。中国人比较喜欢吉利的数字，在定价尾数时尽量使用6、8、9，尽量避免4、7等大家比较不喜欢的数字。

2.整数定价

对于一些高档商品来说，比较适合采用整数定价，这样会给客户"一分钱一分货"的感觉，满足高消费客户群求名或者攀比的心理。

3.特高定价

对于一些独特的、市面上没有的新商品，刚投放市场时可以将价格定得较高，使商家在短期内获得较大利润，以后再根据市场调整价格。不过，太高价格的形势不会持续很久，因为畅销的商品，别的商家也会效仿，大量的市场竞争将会降低产品的价格。

4.低价定价

对于一些想尽快打开市场、占领市场的产品，可以将产品的价格定得较低，使新产品迅速被客户接受。这种方法虽然可以较快占领市场，但是由于价格低，利润也低，如果不能被客户接受，打开销路，那么就会给客户"便宜没好货，好货不便宜"的感觉。

5.折扣定价

折扣定价是指对基本价格做出一定的让步，直接或间接降低价格，以争取客户，扩大销量。其中，直接折扣的形式有数量折扣、现金折扣、功能折扣、季节折扣等；间接折扣的形式有回扣和津贴等。

6.分割报价

这种报价方式主要是为了迎合客户的求廉心理，将商品的计量单位细分化，然后按照最小的计量单位报价。价格分割是一种心理策略。商家报价时，采用这种报价策略，能使客户对商品价格产生心理上的便宜感，容易为客户所接受。例如：冬虫夏草2万元500克（1斤），报成40元每克；每天少抽一支烟，每日可以订阅一份报纸；等等。总之，报价时尽量用小单位，给客户便宜的感觉。

7.同一定价

这种定价方式又称为均一定价，即店内商品都是同一价格，或者每个分类的价格都是相同的。店里的商品可能有的略高于市场价，有的略低于市场价，可以招来不喜欢砍价而喜欢一口价的客户。

8.安全定价

对于很多商品来说，定价过高，不利于打开市场；定价过低，又有可能出现亏损。因此，定价时采用成本加正常利润构成的方法。这样，取一个适中的价格，有利于客户购买，也便于商家推销商品。

9.系列定价

这种定价方式是针对客户的比较价格的心理及购买能力，将商品分档次或分数量地形成价格系列。如新疆灰枣1000克，三星级为56.8元，四星级为78元，五星级为99元，六星级为108元。又比如同一级别的龙井茶50克为42元，100克为80元，250克为175元等。

不管采用哪种定价方式，都要注意，商品本身的售价加上运费后的总价应该低于或等于市面上的价格，这样对于网上客户才更有吸引力。例如，谭木匠的梳子包邮的价格和实体店是一样的价格。定价是否包含了运费，务必要交代清楚，这样可以避免麻烦和纠纷。

【评价反馈】详见表 1-3、表 1-4、表 1-5 和表 1-6。

表 1-3　个人自评打分表

班级		姓名		日期	年　月　日
评价指标	评价内容			分数	分数评定
信息检索	能有效利用网络、图书资源、工作手册查找有用的相关信息等；能用自己的语言有条理地去解释、表述所学知识；能将查到的信息有效地传递到工作中			10 分	
感知工作	熟悉作图步骤，认同工作价值；在工作中能获得满足感			10 分	
参与态度	积极主动参与工作，能吃苦耐劳，崇尚劳动光荣、技能宝贵；与教师、同学之间相互尊重、理解、平等；与教师、同学之间能够保持多向、丰富、适宜的信息交流			10 分	
	探究式学习、自主学习不流于形式，处理好合作学习和独立思考的关系，做到有效学习；能提出有意义的问题或能发表个人见解；能按要求正确操作；能够倾听别人意见、协作共享			10 分	
学习方法	学习方法得体，有工作计划；操作技能符合规范要求；能按平台要求正确操作；获得了进一步学习的能力			10 分	
工作过程	遵守管理规程，操作过程符合平台管理要求；平时上课的出勤情况和每天完成工作任务情况；善于多角度分析问题，能主动发现、提出有价值的问题			15 分	
思维态度	能发现问题、提出问题、分析问题、解决问题、创新问题			10 分	
自评反馈	按时按质完成工作任务；较好地掌握了专业知识点；具有较强的信息分析能力和理解能力；具有较为全面严谨的思维能力并能条理清楚、明晰地表达成文			25 分	
个人自评分数					
有益的经验和做法					
总结反馈建议					

表1-4 小组自评打分表

班级		组名		日期	年 月 日
评价指标	评价内容			分数	分数评定
信息检索	能有效利用网络、图书资源、工作手册查找有用的相关信息等；能用自己的语言有条理地去解释、表述所学知识；能将查到的信息有效地传递到工作中			10分	
感知工作	熟悉作图步骤，认同工作价值；在工作中能获得满足感			10分	
参与态度	积极主动参与工作，能吃苦耐劳，崇尚劳动光荣、技能宝贵；与教师、同学之间相互尊重、理解、平等；与教师、同学之间能够保持多向、丰富、适宜的信息交流			10分	
	探究式学习、自主学习不流于形式，处理好合作学习和独立思考的关系，做到有效学习；能提出有意义的问题或能发表个人见解；能按要求正确操作；能够倾听别人意见、协作共享			10分	
学习方法	学习方法得体，有工作计划；操作技能符合规范要求；是否能按平台要求正确操作；获得了进一步学习的能力			10分	
工作过程	遵守管理规程，操作过程符合平台管理要求；平时上课的出勤情况和每天完成工作任务情况；善于多角度分析问题，能主动发现、提出有价值的问题			15分	
思维态度	能发现问题、提出问题、分析问题、解决问题、创新问题			10分	
自评反馈	按时按质完成工作任务；较好地掌握了专业知识点；具有较强的信息分析能力和理解能力；具有较为全面严谨的思维能力并能条理清楚、明晰地表达成文			25分	
小组自评分数					
有益的经验和做法					
总结反馈建议					

表1-5 小组间互评表

班级		被评组名		日期	年　月　日
评价指标	评价内容			分数	分数评定
信息检索	该组能有效利用网络、图书资源、工作手册查找有用的相关信息等			5分	
	该组能用自己的语言有条理地去解释、表述所学知识			5分	
	该组能将查到的信息有效地传递到工作中			5分	
感知工作	该组熟悉作图步骤,认同工作价值			5分	
	该组成员在工作中能获得满足感			5分	
参与态度	该组与教师、同学之间相互尊重、理解、平等			5分	
	该组与教师、同学之间能够保持多向、丰富、适宜的信息交流			5分	
	该组能处理好合作学习和独立思考的关系,做到有效学习			5分	
	该组能提出有意义的问题或能发表个人见解;能按要求正确操作;能够倾听别人意见、协作共享			5分	
	该组能积极参与,在网店创建、装修、运营推广过程中不断学习,综合运用网店运营的能力得到提高			5分	
学习方法	该组的工作计划、操作技能符合规范要求			5分	
	该组获得了进一步发展的能力			5分	
工作过程	该组遵守管理规程,操作过程符合平台管理要求			5分	
	该组平时上课的出勤情况和每天完成工作任务情况			5分	
	该组成员能按时完成网店运营和推广的相关作品,并善于多角度分析问题,能主动发现、提出有价值的问题			15分	
思维态度	该组能发现问题、提出问题、分析问题、解决问题、创新问题			5分	
自评反馈	该组能严肃认真地对待自评,并能独立完成自测试题			10分	
互评分数					
简要评述					

表1-6 教师评价表

班级		组名		姓名	
出勤情况					
评价内容	评价要点	考察要点		分数	分数评定
1.任务描述、接受任务	口述内容细节	（1）表述仪态自然、吐字清晰		2分	表述仪态不自然或吐字模糊扣1分
		（2）表达思路清晰、层次分明、准确			表达思路模糊或层次不清扣1分
2.任务分析、分组情况	依据平台要求尺寸和标准	（1）分析平台网店作品要求的关键点准确		3分	表达思路模糊或层次不清扣1分
		（2）涉及理论知识回顾完整，分组分工明确			知识不完整扣1分，分工不明确扣1分
3.制订计划	制作装修和推广素材	装修和推广素材数量和规范（包括标题、尺寸、美观、营销要素等）		5分	一处表达不清楚或层次不清扣1分，扣完为止
	制订营销计划和运营管理规范	制订营销计划；制定成员管理规范		10分	营销计划内容缺少一项扣1分，成员管理规范不合理的地方一处扣1分，扣完为止
4.计划实施	装修素材	（1）网店创建、店标logo设计制作		5分	每漏一项扣1分
		（2）店招设计与制作			尺寸不符或信息有误扣1分
		（3）横幅广告设计与制作			轮播图片不满3幅扣1分
	营销计划	（1）商品准确发布与管理		5分	每有一个信息错误扣1分，扣完为止
		（2）营销方案合理		5分	营销方案符合企业实际，每有不合理处扣1分
		（3）营销作品呈现		40分	
	运营管理	（1）网店整理美观大方，风格与产品和企业形象相符合		3分	
		（2）员工分工明确，任务搭配合理		2分	
5.检测	产品图片详情页信息	图片规范、信息准确度		5分	错一个扣1分
6.总结	任务总结	（1）依据自评分数		2分	
		（2）依据互评分数		3分	
		（3）依据个人总结评分报告		10分	依据总结内容是否到位酌情给分
合计				100分	

【思考与练习】

1. 单选题：以下说法错误的是（   ）。

A.创建网店前，商家首先要思考自身经营网店有哪些优势，找到自身优势有利于网店找到立足之地。

B.作为网店商家，不需要了解自身的劣势，因为劣势不利于网店运营发展。

C.作为网店商家，要时刻关注外部环境发展，了解发展趋势，寻找发展机会。

D.作为网店商家，需要了解和分析外部的市场情况，了解竞争对手的发展状态和经营策略，知己知彼，百战不殆。

2. 单选题：网店选品渠道为外贸尾单，这样的渠道具有（   ）的缺点。

A.产品质量问题难以保证　　　　　　B.数量大，款式过时

C.颜色和码数可能不全　　　　　　　D.不能控制商品进货的时间、地点

3. 单选题：中国人比较喜欢吉利的数字，在定价尾数时尽量使用6、8、9，尽量避免4、7等大家比较不喜欢的数字。这种定价方法是（   ）。

A.尾数定价　　　　　　　　　　　　B.折扣定价

C.安全定价　　　　　　　　　　　　D.系列定价

4. 多选题：网店市场调研的内容具体包括（   ）。

A.网店经营环境和网络市场需求情况　B.营销组合

C.消费者和竞争对手　　　　　　　　D.企业的合作者及行业的中立者

5. 多选题：网店商家一般可以通过（   ）渠道进行选品。

A.传统批发市场或厂家货源　　　　　B.品牌代理商或品牌积压商品

C.民族特色商品或手工艺品　　　　　D.网络批发平台或网络代销

6. 请利用SWOT分析具体的某个网店所面临的内外部环境，思考如何去开展科学的网店经营与管理，并能够进行详细的业务规划。

7. 对比拼多多、淘宝和京东三大国内电商平台，请思考淘宝个人C店在店铺定位时要注意哪些事项。

8. 掌握网店商品选品的方法，并能够根据具体的成本和市场状况为该网店商品进行定价。

淘宝网店运营综合实训

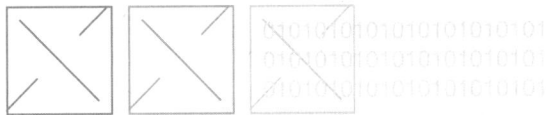

【任务描述】 淘宝网（Taobao），由阿里巴巴集团于 2003 年 5 月 10 日投资创办，是国内深受欢迎的网购零售平台之一。淘宝网目前业务主要有 C2C（个人对个人）和 B2C（商家对个人）两大业务模式。在淘宝网上，客户可以找到几乎所有种类的商品，从日常生活用品到奢侈品牌都可以找到。客户可以通过搜索或浏览不同类别的商品，并与商家进行沟通。本项目的主要任务是在淘宝平台进行网店规划、网店开设、网店管理、网店推广以及运营评估等任务活动，对淘宝网店运营进行全面的综合实训。知识链接部分则侧重于对网店创建、商品发布和网店装修等任务进行知识储备和扩展。

【学习目标】 能力目标

1. 能够掌握淘宝平台的入驻流程；

2. 能够掌握淘宝平台的商家规则；

3. 能够掌握淘宝网店运营与推广的基本流程，重点包括网店创建、网店装修以及商品发布的操作等。

知识目标

1. 了解淘宝网店创建的准备工作和基本流程；

2. 了解淘宝网店商品发布的步骤及流程；

3. 了解淘宝网店装修的重要性和技巧；

4. 了解以淘宝为代表的电脑端 C2C 业务模式以及运营和推广的规则。

素质目标

1. 培养学生信息收集、分析的能力；

2. 培养学生团队合作的能力；

3. 培养学生系统思考和独立解决问题的能力。

思政目标

1. 具备爱岗敬业、诚实守信的职业操守；

2. 具备精益求精的工匠精神；

3. 熟悉电子商务相关法律法规的工作常识。

【任务分析】 无论是注册淘宝个人店铺还是企业店铺，为了能够快速通过申请与认证，都需要先查询开店条件、准备注册所需资料。个人和企业都能在淘宝开设店铺，需要提供的材料略有不同。本项目的重点任务是了解淘宝个人店的开设，包括网店的创建、网店装修以及商品的发布等，这些工作是网店运营的基础，是必不可少的。

【任务分组】详见表2-1。

表2-1　学生任务分配表

班级		网店名称		指导教师	
组长/学号		组名			
任务分工					
团队成员	学号	负责的分任务		数量（单位）	完成时间

【任务操作】

任务一　网店规划

网店规划对网店运营的方向有一定的指示作用。拥有一个科学的规划可以避免以后在运营中出现的一系列问题，也为以后遇到难题提供一定的解决方案。

首先，通过市场调研，及时了解市场上产品的供需现状和竞争情况，了解客户的需求和自身的资源优势。制订网店运营计划，采购适销对路的产品，为网店的成功运营打好基础。

其次，要确定电商平台。确定了开拓电商渠道的目标及成立电商团队后，下一步就需要选择入驻的电商平台。选择一个合适的电商平台需要综合考虑该平台的运营模式、平台优势、入驻运营成本和经营风险。选择合适的电商平台，是网店运营业务成功的关键。

再次，做好产品定位。网店商家在上线产品之前，需要根据商家最终选择的电商平台对产品重新定位，使产品符合电商平台网购客户的购物特征。产品定位是电商平台入驻前必不可少的准备工作，包括产品价格、产品口味、产品包装、产品保质期及产品存储等。

最后，实施跟进与监控。实施跟进与监控工作必不可少，网店创建、装修和运营管理等工作的实施跟进保证了网店开张的时效性，使网店规划内容能够得到高效的落实。对实施状况进行全程监控，可有效减少后续风险，提高执行效率，有效确保网店的顺利开张。

网店规划任务单如表2-2所示。

表 2-2　网店规划任务单

调研目的		运营要求：
调研内容		
调研方法		调研的目的、内容、方法正确合理；
行业现状分析		调研的市场现状符合现实情况；调研
行业发展趋势		的市场发展趋势合理；商品选品依据
商品选品		充分；网店定位合理
网店定位		
其他		

任务二　网店开设

一、网店创建

创建店铺是网店运营的基本条件。首先，打开淘宝，如果不是会员的需要先注册会员，如果已经是会员的可以直接登录进入后台。点击页面右上角"免费开店"按钮，如图 2-1 所示，则跳转到淘宝开店页面。选择开店的商家类型，如图 2-2 所示，目前淘宝平台提供了 3 种类型的网店：个人商家、个体工商户商家和企业商家，不同类型需要提交的材料不同。本项目以淘宝个人商家为例，准备好个人身份证等材料后，点击"去开店"。

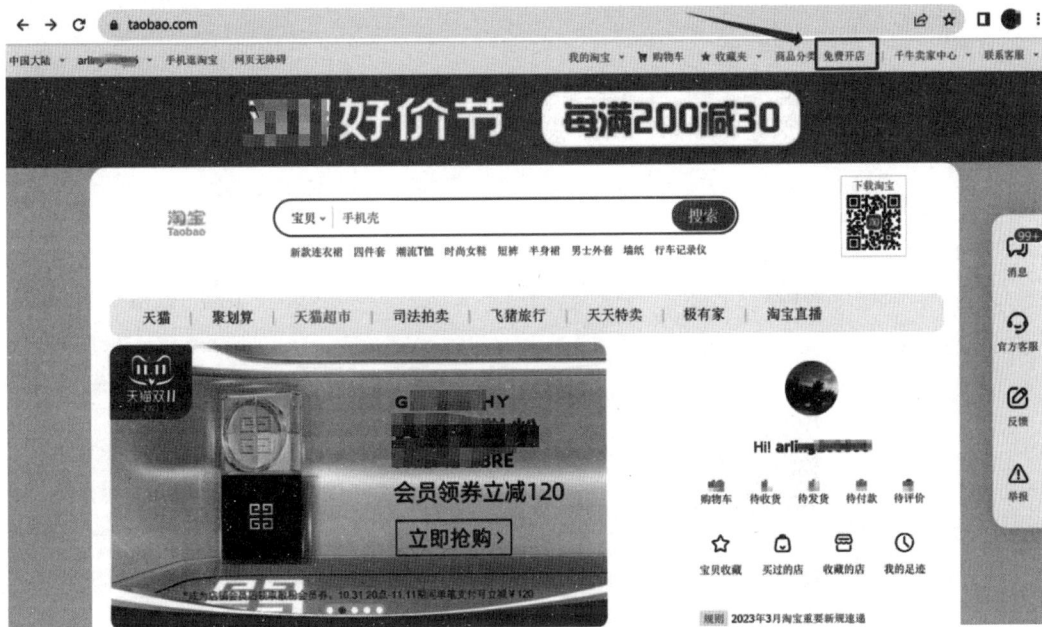

图 2-1　淘宝网首页"免费开店"入口

普通商家入驻流程 0费用低门槛开店无压力

| 01准备材料 | 02申请开店 | 03完成认证 | 04店铺上线 |

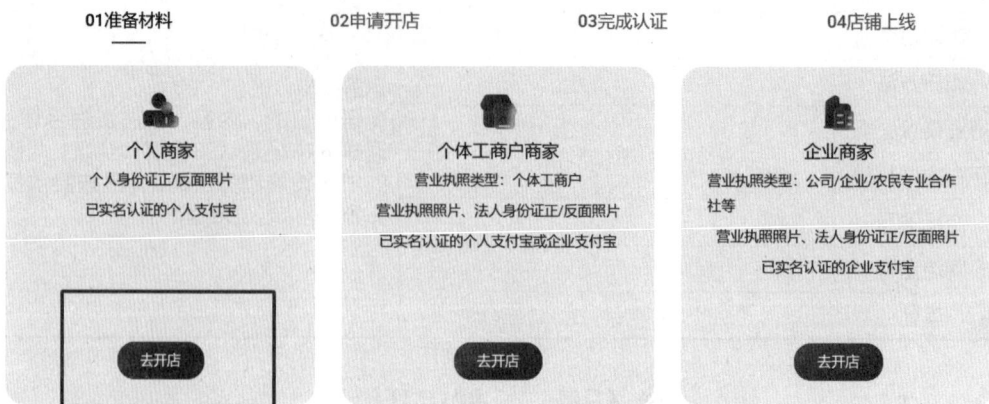

个人商家
个人身份证正/反面照片
已实名认证的个人支付宝

个体工商户商家
营业执照类型：个体工商户
营业执照照片、法人身份证正/反面照片
已实名认证的个人支付宝或企业支付宝

企业商家
营业执照类型：公司/企业/农民专业合作社等
营业执照照片、法人身份证正/反面照片
已实名认证的企业支付宝

[去开店] [去开店] [去开店]

图 2-2　进入淘宝网开店页面

　　进入开店流程，需要给店铺取一个店铺名。系统会自动检测是否同名，同名则不能注册，需要更换，如图 2-3 所示。个人在注册成功后，需要进行实名认证。实名认证分两种方式：支付宝实名认证和淘宝开店认证。支付宝实名认证有两种方式，一是验证人脸，二是验证中国大陆银行卡，两种方式可任选一个。按照平台要求人脸认证完成并上传身份证后，即完成了支付宝实名认证的步骤。

图 2-3　填写店铺名称

　　按照注册页面要求，进行淘宝实名认证后，点击网页下方的"同意协议，0 元免费开店"，即完成店铺注册过程，随后跳转进入淘宝千牛卖家后台，如下图 2-4 所示。

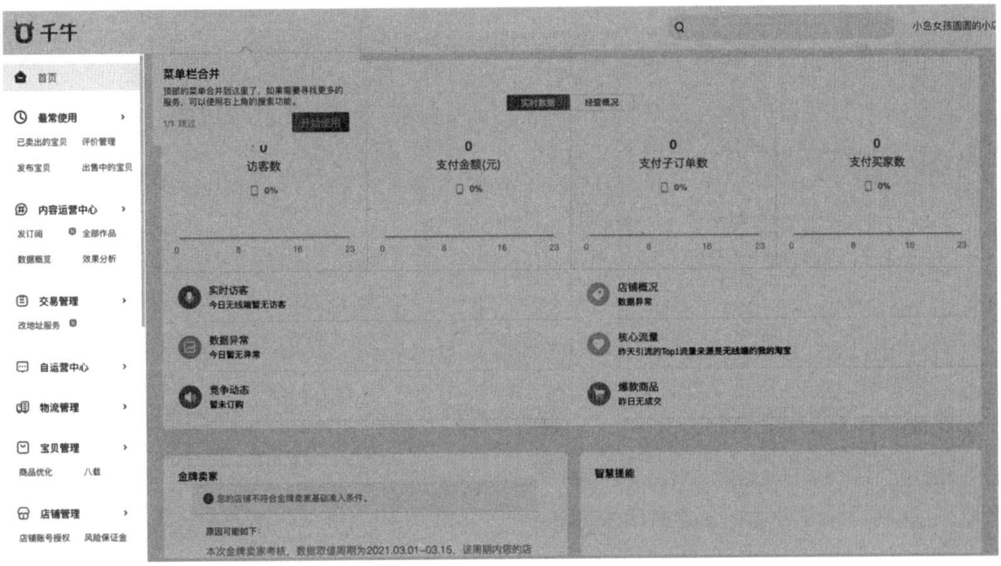

图 2-4 淘宝千牛卖家后台

1.店标（logo）的制作

店标的制作，一般需要借助 Photoshop 软件或其他平面设计软件进行设计与制作。各个电商平台对店标的格式和大小的要求略有不同，以淘宝网为例，要求店标的最小宽度为 120px，最小高度为 120px，宽高比为 1∶1，格式为 png、jpg、jpeg 的图片。店标制作完成后，进入"千牛卖家中心"—"店铺"—"店铺管理"—"店铺信息"，再按平台要求上传到指定位置，如图 2-5 所示。

图 2-5 淘宝店铺信息填写页面

2.店铺简介

淘宝的店铺介绍从"千牛卖家中心"—"店铺"—"店铺管理"—"店铺素材"进入，需要用简明扼要的语言描述店铺的亮点以吸引客户，要尽量避免假、大、空的宣传语言。图2-6为淘宝店铺介绍填写页面。

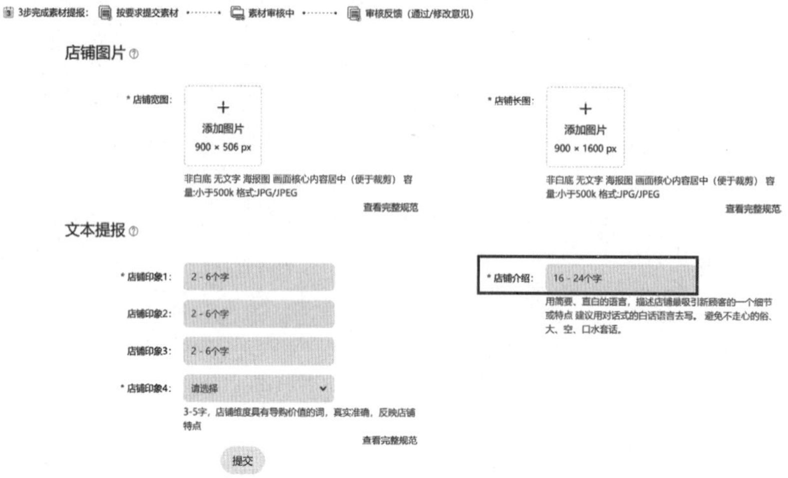

图2-6　淘宝店铺介绍填写页面

二、网店装修

1.店招的制作

以淘宝网店铺为例，进入千牛卖家中心后，点击"店铺"—"店铺装修"—"PC店铺装修"—（首页）"装修页面"，则进入到店铺首页的装修页面。淘宝个人店的旺铺首页默认有店铺招牌、导航条、轮播广告等区域。将鼠标停留在店招上方，会出现"编辑"和"删除"按钮，点击"编辑"按钮，则进入到店铺招牌编辑页面，如图2-7所示。淘宝网店的店铺招牌宽度为950px，高度建议是120px，最高不超过150px。店铺名称可以在店铺招牌编辑页面点击进去修改，也可以选择是否在店铺招牌里显示店铺名称。点击"选择文件"，将制作好的店铺招牌上传上去，退出编辑页面便可见店铺招牌显示在网店首页。

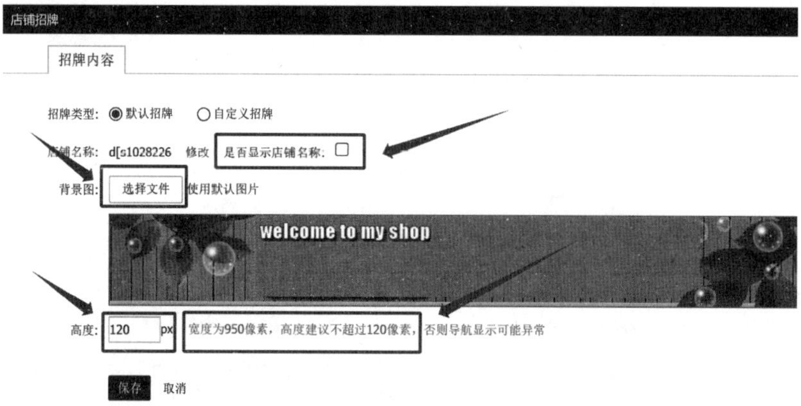

图2-7　淘宝旺铺店铺招牌编辑页面

2.导航条（BANNER）的制作

同样在店铺装修的首页，将鼠标停留在默认的导航条上方时，会显示"编辑"和"添加模块"按钮，如图 2-8 所示。

图 2-8　导航条编辑入口

点击"编辑"，进入到导航条编辑页面，可以添加或者删除导航类目，也可以上下移动调整导航类目的排放顺序。店铺导航区最多可设置 12 项一级内容，但超过页面尺寸宽度部分将不展现（建议不超过 7 项）。点击"添加"导航—"宝贝分类"—"管理分类"，则可进入到导航条类目编辑页面，如图 2-9 所示。网店运营人员可以根据自家网店产品分类或者其他分类标准进行导航条设置。

图 2-9 导航条商品类目编辑页面

3.条幅广告的制作

条幅广告位，在淘宝里成为图片轮播，位于店铺招牌与导航的下方，是整个首页中十分醒目的部分，也是首页设计中的重点，具有增加店铺人气、促进销售的特点，一般用于展示店铺活动与促销信息。在设计条幅广告时需要对每张海报的主题、构图、颜色等视觉要点进行综合考虑。

条幅广告是在首页中定时切换的全屏海报。首页的条幅广告宽度为全屏宽度，即1920px。条幅广告中的每张图片的高度可以自己设置，只需要将轮播的几张条幅广告图片统一高度即可，建议可以设为 540px。

微课精讲：条幅广告的设计　　　　　　　　　学习笔记

条幅广告设计制作完成后，在店铺装修的首页，点击"图片轮播"—"编辑"，便可进入编辑页面，如图2-10所示。在"内容设置"一栏中，输入图片地址（图片地址可以到网店的"图片空间"复制）或者点击图片地址旁边的"▣"小按钮，可以上传新图片或者从图片空间选择图片，链接地址即图片被点击时转换到的显示页。"操作"区域可以上下调整轮播图片的顺序或者删除不满意的轮播图片。

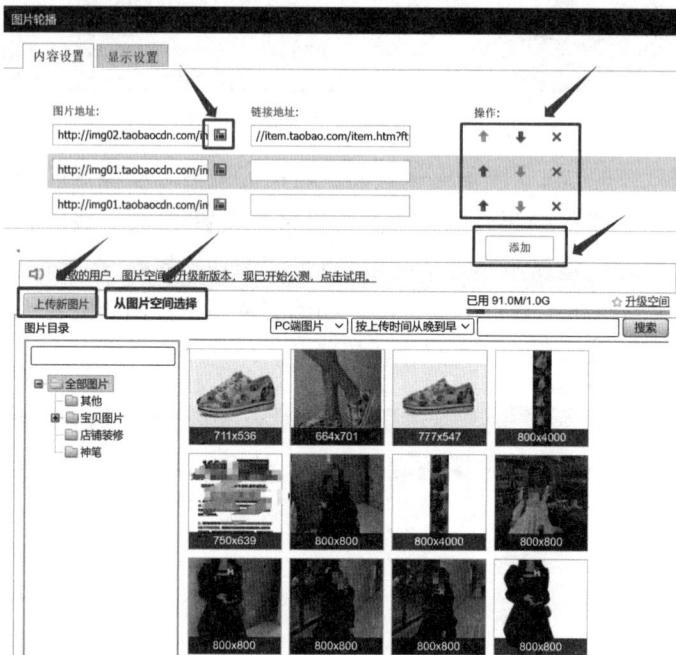

图2-10 导航条商品类目编辑页面

三、商品发布

以淘宝C店旺铺为例，从"千牛卖家中心"—"商品"—"商品管理"—"发布宝贝"进入，选择宝贝的类目，然后进入发布页面。带＊号的为必填项，包括宝贝类型、宝贝标题、采购地、颜色分类、尺码、发货时效、一口价、总数量、主图图片、详情描述、上架时间等内容。以下，针对商品标题、商品主图、商品详情页进行详细介绍，如图2-11所示。

图2-11 商品发布页面

根据商品信息选择相关度最高的类目，如图 2-12 所示。

图 2-12　选择商品类目

填写产品的基础信息，如图 2-13 所示，填写合适的商品标题。商品的标题要求准确且简单明了，可以适当增加一些粗重的符号，"抓"住注意力。淘宝的商品标题只能放 30 个汉字（60 个字符），不要把店铺名字搬上宝贝标题，占用宝贵标题字数。要设计一些能带来流量的"热门词"以及能吸引客户眼球的关键词。合适的关键词能够让店铺的流量翻倍。可以在淘宝的搜索框中和搜索的结果页获得预选关键词，或者借鉴同行类似商品的关键词，或者借助电商平台的关键词统计分析工具判断关键词的竞争性和搜索量。不同类目需要填写的属性值不同，根据要上传的商品来填写属性，或者自定义属性填写。值得注意的是，自定义属性填写时，商品的属性内容和商品标题的内容要一致。

图 2-13　商品基础信息的填写页面

填写产品的销售信息，如图 2-14 所示。

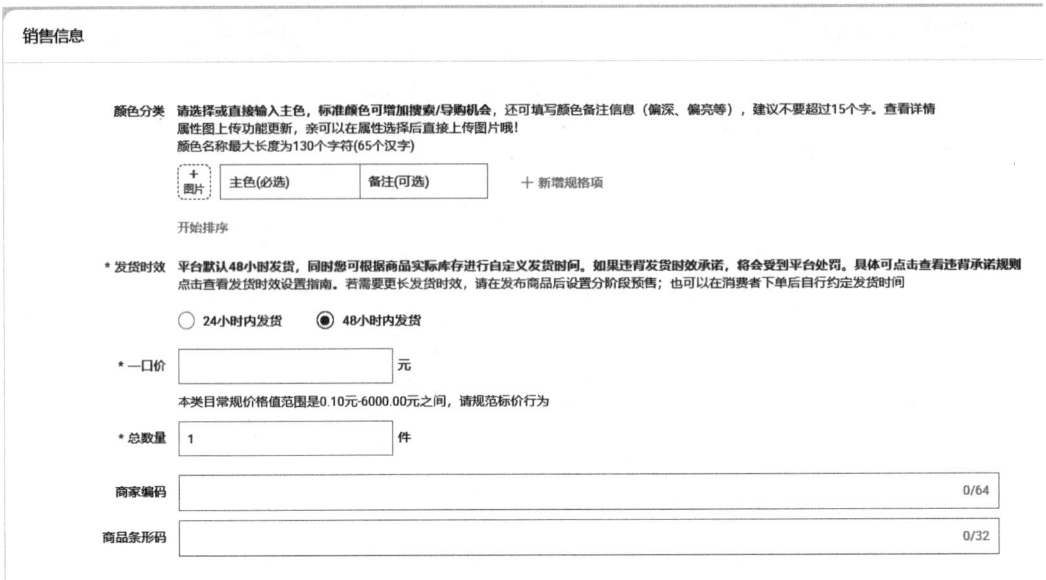

图 2-14　商品销售信息的填写页面

根据页面要求填写产品的图文描述。点击"+"，然后从图片空间的文件夹中选择商品图片，使用的图片必须是上传到淘宝图片空间中的图片，不能是其他网页上的链接图片或者本地上传的图片，如图 2-15 所示。淘宝平台上一般可以上传 5 张商品主图。每张主图大小不能超过 3MB、700px×700px。以上图片上传后，系统会自动提供放大镜功能。第五张图为商品白底图可增加手机端淘宝首页的曝光机会。

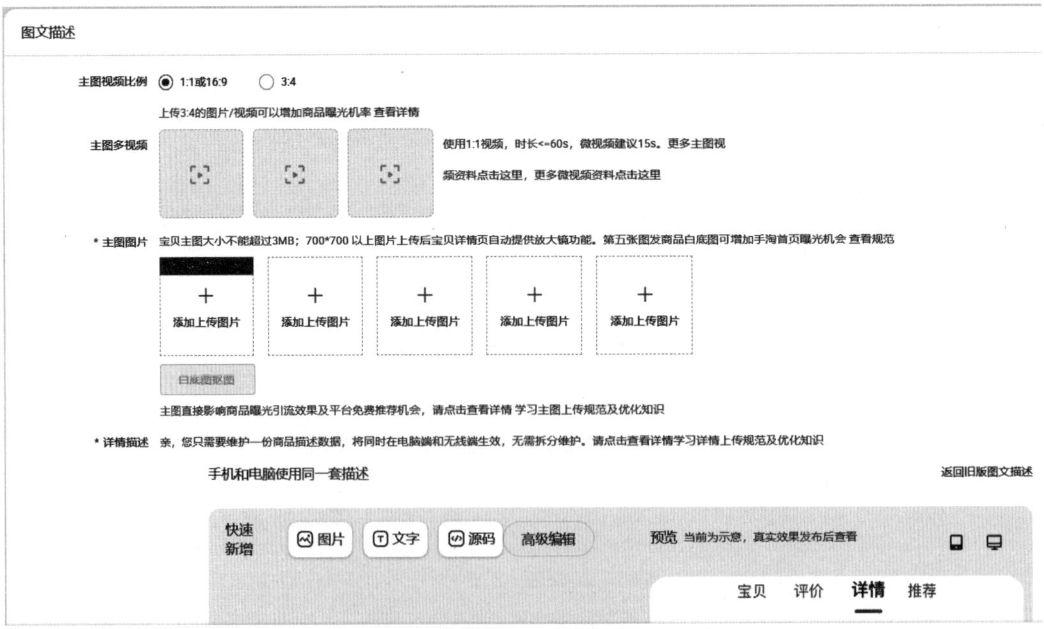

图 2-15　商品的图文描述页面

合理的商品详情页，是营造良好的用户体验、提升转化率的重要阵地。商品的详情页描述应该以客户为中心，从客户的需求、愿望、顾虑、疑惑等方面出发，使用合理的文字描述和图片展示刺激潜在客户的兴趣。商品详情页的模板可以参考图 2-16 进行设计与制作。

商品详情模板
促销信息 （如有促销活动时，可放置相关的店铺、单品促销信息 1—2 条，图片不宜过大）
属性参数
产品展示 （使用场景展示，模特穿着效果展示）
细节展示
卖点展示
产品基本信息 （尺寸信息、款式信息、颜色信息等）
品牌说明
购物保障
促销信息 （关联推荐，一般不超过 4 种）

图 2-16　商品详情页模板内容建议

促销信息的填写能够塑造出更多的产品价值，并增加客户的吸引力和好奇心。促销的主题一般是价格、折扣和其他促销内容，这些信息应该放在醒目的位置，例如详情页的开头或末尾部分，被重点凸显。属性参数可以让客户更好地了解商品的功能特点。例如，商品名称、货号、款式/口味、工艺、材质、尺寸、重量、产地、包装、保存日期等。产品展示一般包括使用场景展示和模特穿着效果展示，利用图文引发客户的联想和心灵需求的共振，目的是激发客户的潜在需求。细节展示是详情页中不可缺少的模块，客户会通过细节图判断产品的质量好坏以及功能效用等。以服装为例，一般会在细节图中展示产品的面料细节、做工细节、配件细节、内部细节等。卖点展示模块则要给予客户购买的理由。产品的基本信息模块要详细提供产品的尺寸信息、款式信息和颜色信息等，区别于属性参数模块的简要文字登记，产品基本信息模块一般会进一步结合图片详细介绍关于尺寸、款式以及不同颜色等产品的信息。品牌说明要提供网店拥有的自有品牌、获得的品牌授权以及经营许可等信息，为客户提供品牌背书，让客户感知品牌的附加值，并产生信任感。购物保障的目的是消除客户的后顾之忧，这个模块可以包含快递、邮费以及退换货等客户关心的问题，如图 2-17 所示。详情页末尾的促销信息，一般会进行关联推荐，建议关联推荐的产品数量不超过 4 种，并且与主图产品相似或是互补品为佳。

图 2-17　购物保障说明范例

填写店铺可提供的售后服务信息，根据实际情况选择商品上架时间，点击"提交宝贝信息"，即可完成商品的发布，如图 2-18 所示。

图 2-18　商品的售后服务选填页面

完成以上任务后，网店开设和装修的工作就完成了，可以填写"网店开设"任务单，如表 2-3 所示。

表 2-3　网店开设　任务单

网店名称			链接地址	
序号	任务名称	完成情况（请根据实际在括号后打√或填写）		运营要求
1	网店创建	完成注册（　）实名认证（　） 绑定银行卡（　）网店名称（　） LOGO 设计与制作（　）其他＿＿＿（　）		顺利完成网店的创建； 店名科学、有创意或容易记忆；LOGO 具有创意、美观
2	网店装修	店招设计与制作（　） BANNER 广告设计与制作（　） 导航条（　）详情页设计与制作（　） 其他＿＿＿（　）		店招美观有创意； BANNER 新颖性、有创意、广告信息传递明确； 导航条分类科学、清晰明确；
3	商品发布	（发布的商品的种类和数量） 商品：＿＿＿＿＿＿＿＿（　）件 商品：＿＿＿＿＿＿＿＿（　）件 商品：＿＿＿＿＿＿＿＿（　）件 商品：＿＿＿＿＿＿＿＿（　）件 商品：＿＿＿＿＿＿＿＿（　）件 商品：＿＿＿＿＿＿＿＿（　）件		发布的商品达到一定的数量，类目清晰，详情页内容翔实、卖点突出，有利于促进销售，能够展示商品的优势等
其他说明				
接单时间		接单人		实训小组

注：此表仅列出本章重点的运营任务单，其他任务可另附电子版运营任务单上交指导教师。

任务三　网店管理

一、商品管理

商家发布商品后，接下来需要进行商品的交易管理。商品的交易管理主要包括商品的上下架、商品信息的修改、订单的管理等任务。当商品销售出去后，就可以在千牛卖家中心"交易"—"订单管理"—"已卖出的宝贝"，查看交易的详情。

1.上下架商品

商品的上下架是网店管理最常规的操作，在千牛卖家中心，点击"商品"—"商品管理"—"我的宝贝"—"全部宝贝"就可以看到已经上架的商品和仓库中的商品等。点击"出售中的宝贝"页面，单击操作下方的"更多"按钮，可以看到"立即下架"按钮，点击弹出的对话框中的"确定"，则完成商品的下架，下架后的商品可以在"仓库中的宝贝"一栏中查看，如图 2-19 所示。

图 2-19　下架商品

单击"仓库中的宝贝"，在打开的页面中可以看到下架后的商品，单击商品右侧的"立即上架"按钮，商品会重新上架，如图 2-20 所示。

图 2-20　重新上架商品

值得注意的是，商家也可以选择"定时上架"商品，"定时上架"可以设置商品的具体上架时间，届时淘宝平台将在设置的时间点自动上架仓库中的商品，图 2-21 为定时上架的对话框页面。

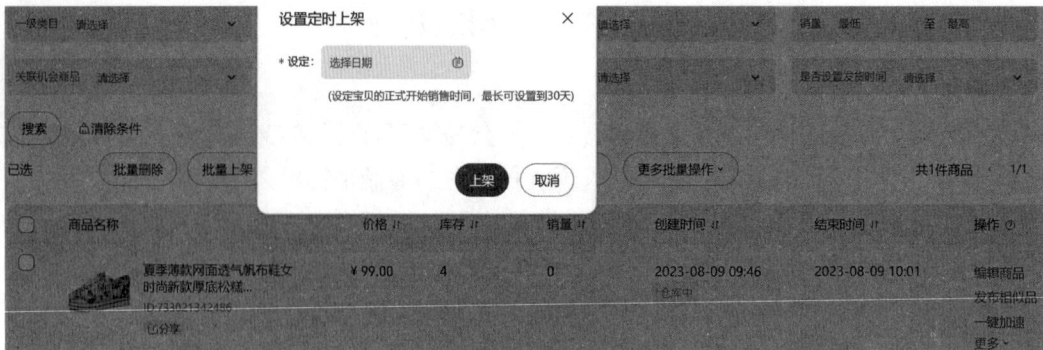

图 2-21　定时上架商品

2.修改商品信息

在千牛卖家中心页面，点击"商品"—"我的商品"—"出售中的宝贝/仓库中的宝贝"，在商品右侧有一个"编辑商品"的按钮，点击该按钮即会跳转到相应的页面，可以修改商品的基础信息、销售信息、物流信息、支付信息和图文描述等，如图 2-22 所示。

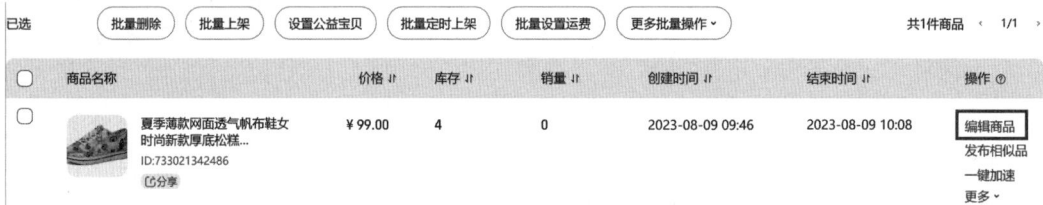

图 2-22　"编辑商品"页面

3.商品订单发货

打开"千牛卖家中心"—"交易"—"已卖出的宝贝"，可以看到需要发货的信息及交易详情，如图 2-23 所示。

图 2-23　"发货"页面

如果客户下单时填错地址需要修改的话，可以点击"修改收货信息"按钮，修改客户的收货地址，如图 2-24 所示。

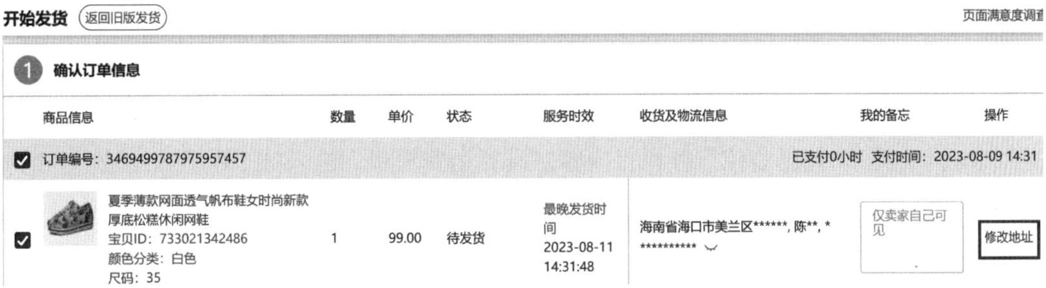

图 2-24 "修改地址"页面

如果是实物产品就需要邮寄，商家需要联系快递公司，填写快递单号并邮寄商品。发货方式有"在线下单""自己联系物流""官方寄件""无需物流"等几种方式供选择，以"自己联系物流"为例，输入快递单号，单击"确认并发货"按钮，完成发货操作，如图 2-25 所示。

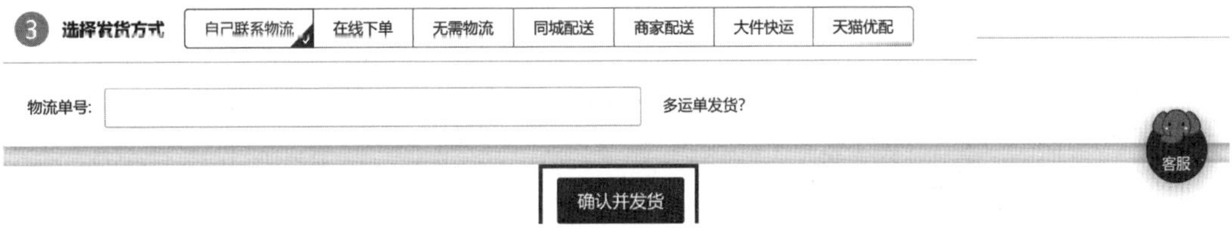

图 2-25 选择并填写发货方式

4.处理商品退款并关闭交易

在商品交易过程中，客户由于某些原因需要退款或者退货退款时，一般会通过系统申请提交到商家的店铺管理后台，双方协商一致后即可进行退款操作。商家进入"千牛卖家中心"—"交易"—"订单管理"—"退款管理"可以进行退款操作，如果是实物产品未发货，卖家设置了"未发货秒退"或"闪电退货"，系统会直接将货款退给客户，并自动关闭该交易，如图 2-26 所示。

图 2-26 退款并关闭交易

如果商家已经发货，因某些原因拒绝退款，则需要填写拒绝的理由。订单管理栏目下还包括"评价管理"，可以查看"来自买家的评价""待卖家评价""待买家评价""给买家的评价"等，也可以看到评价的计分状态和评价的内容。

二、物流管理

淘宝的物流管理模块，包括"寄快递""发货""打单工具""打单""物流服务""物流工具""包裹监控"等栏目内容。设置运费模板，进入"千牛卖家中心"—"物流管理"—"物流工具"—"运费模板设置"中进行操作，如图 2-27 所示。

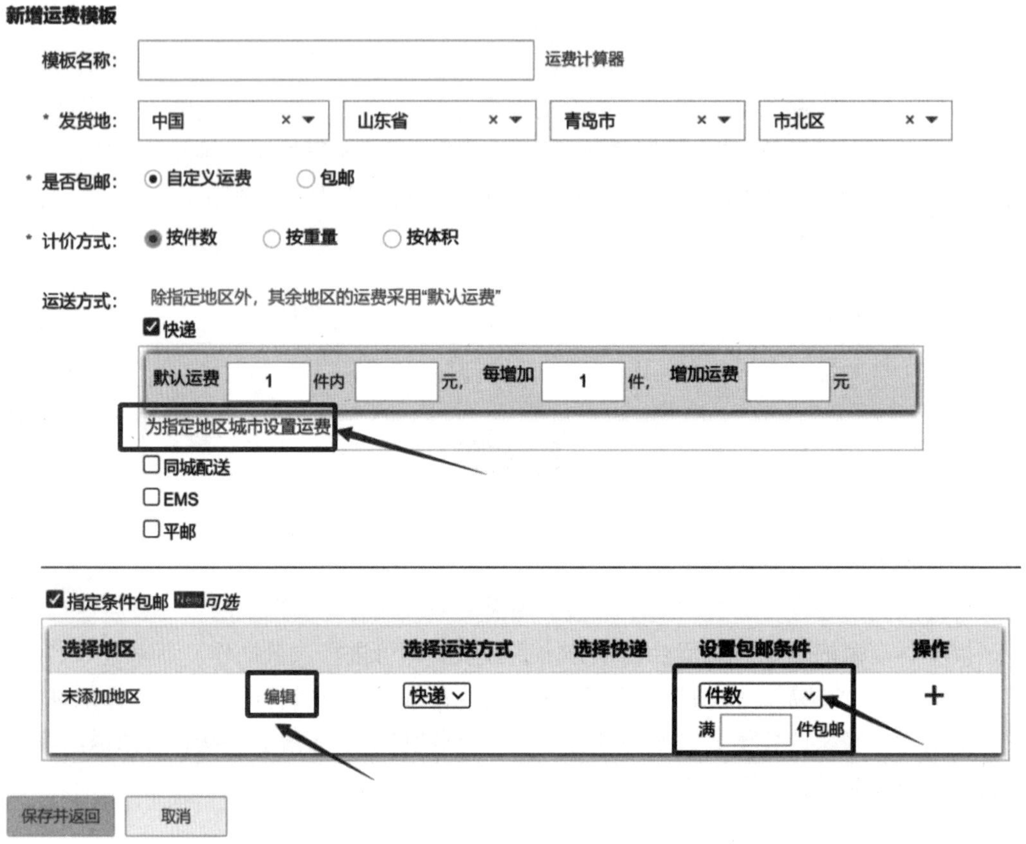

新增运费模板

| 模板名称： | | 运费计算器 |

*发货地： 中国 × ▼ 山东省 × ▼ 青岛市 × ▼ 市北区 × ▼

*是否包邮： ● 自定义运费 ○ 包邮

*计价方式： ● 按件数 ○ 按重量 ○ 按体积

运送方式： 除指定地区外，其余地区的运费采用"默认运费"

☑ 快递

默认运费 1 件内 元，每增加 1 件，增加运费 元

为指定地区城市设置运费

□ 同城配送
□ EMS
□ 平邮

☑ 指定条件包邮 地区可选

选择地区		选择运送方式	选择快递	设置包邮条件	操作
未添加地区	编辑	快递 ∨		件数 ∨ 满 件包邮	+

保存并返回　取消

图 2-27　新增运费模板

如是对不同地区设置不同的运费，您可进入"为指定地区城市设置运费"，点击"编辑"，添加地区。

"指定条件包邮"可以设置客户在购买了满足一定条件的商品件数、金额或件数+金额的条件后，可以提供包邮服务，如满 5 件包邮、满 50 元包邮等。点击"设置包邮条件"按钮，选择按件数、金额或件数+金额等条件进行设置，如图 2-28 所示。

图 2-28　设置指定条件包邮

　　点击"保存"并返回，即生成一个新的运费模板。如果不需要这个运费模板，可以找到对应的运费模板并直接点击"删除"按钮即可，如图 2-29 所示。

图 2-29　删除运费模板

　　进入"千牛卖家中心"—"物流管理"—"物流工具"—"物流信息跟踪"输入订单编号，直接点击"搜索"按钮即可对物流信息进行跟踪，如图 2-30 所示。

图 2-30　物流跟踪信息查询

进入"千牛卖家中心"—"物流管理"—"物流工具"—"地址库",可添加新地址(带＊号的都是必填项),直接点击"保存设置"按钮即可,默认发货地址和默认退货地址可以设置成不同的地址,如图 2-31 所示。

图 2-31　物流地址库管理

三、客户管理

平台售后任务是一种高效连接客户、商家、平台的结构化"工单"。为了让客户在淘宝平台有更好的售后体验,平台针对客户的高频售后问题,为客户在高频页面(订单列表、旺旺聊天、阿里小蜜、求助平台人工等)提供求助入口。客户求助后通过平台售后任务形式流转到商家,平台要求商家在规定时效内响应,逾期可能导致店铺投诉成立、赔付、受到平台处罚等影响,商家需要及时关注处理。

目前售后任务中一共有催发货、异地签收、物流停滞和催开发票等13种不同类型的售后任务,商家需要在任务创建的 24 小时完成对应的处理动作,详情如表 2-4 所示。

表 2-4 售后服务类型

任务类型		什么情况下会产生	商家处理时效	商家超时未回复影响
催发货		卖家超过发货时效尚未发货，买家点击催发货后产生	工单创建 24 小时内，商家完成任意一个动作均可： 1. 退款成功； 2. 发货成功； 3. 商家回复任务	1. 超时为回复创建发货问题投诉，根据延迟发货、缺货进行投诉判定、赔付和责任； 2. 工单回复时长计入平台售后任务处理时长指标
异地签收		当订单收货地址与实际签收地址不符（范围到市），当买家点击"未收到包裹"再点"提交商家"后产生	工单创建 24 小时内，商家完成任意一个动作均可： 1. 退款成功； 2. 商家回复任务	1. 超时为回复创建虚假发货投诉，根据虚假发货进行投诉判定、赔付和责任； 2. 工单回复时长计入平台售后任务处理时长指标
物流停滞		物流中转过程中停止 48 小时以上，当买家"帮我催"后产生	工单创建 24 小时内，商家完成任意一个动作均可： 1. 退款成功； 2. 物流恢复更新； 3. 商家回复任务	1. 超时为回复创建虚假发货投诉，根据虚假发货进行投诉判定、赔付和责任； 2. 工单回复时长计入平台售后任务处理时长指标
催开发票		开票超时后消费者求助到平台后产生	工单创建 24 小时内，商家完成任意一个动作且在需要开票时间前开票成功： 1. 回复工单； 2. 开票成功	1. 工单回复时长计入平台售后任务处理时长指标； 2. 选择"卖家无法开票"或二次开票超时创建投诉，根据投诉规则判责
原商家协同工单	退货/退款	消费者求助平台后，平台小二发起	工单创建 24 小时内，商家完成任意一个动作均可： 1. 退款成功； 2. 商家回复任务	1. 如工单被小二判责计入平台判责率指标； 2. 工单回复时长计入平台售后任务处理时长指标
	退定金		工单创建 24 小时内回复任务成功（不是旺旺上回复消费者）	
	改地址			
	退邮费			
	补发			
	维修			
	换货			
	配送问题			
	提供退货地址			

售后服务类型可以在"千牛卖家工作台"—"客服"—"售后服务"中查看，图2-32所示即为淘宝C店查看售后服务类型的页面。

图2-32　淘宝商家查看售后服务类型

🖱 任务四　网店推广

淘宝网店的推广方式繁多，其流量主要有站内流量和站外流量。网店推广和营销的目的在于提升网店转化率、网店销量、客单价和复购率等。一般来说，网店推广分为店内推广、站内推广和站外推广，如表2-5所示。

表5　淘宝网店推广和营销方式

淘宝网店推广和营销	店内推广	官方营销工具	优惠券、裂变优惠券、顺手买一件、单品宝、赠品、店铺宝、搭配宝、N元任选、淘金币活动、购物车营销和权益中心等
		服务市场营销工具	全民促销、促销专家、打折促销、美折促销、打折满减、宝贝团促销、互动宝营销、百货箱促销等
	站内推广	免费流量来源	淘宝搜索、淘宝收藏、淘宝管理后台（回头客）、类目流量、微淘、友情链接
		付费流量来源	直通车、专题促销、聚划算、天天特卖等各种官方大促和营销活动以及行业活动等
	站外推广		淘宝客推广、抖音短视频推广、"头条号"推广、微博推广、微信推广及其他

淘宝的网店推广可以分为营销和推广两大类。营销活动可以在"千牛卖家中心"—"营销"—"营销活动"—"活动报名"查看大促日历和可报活动。图2-33所示为2023年6月—2023年8月的大促日历。

图 2-33　2023 年 6 月—2023 年 8 月淘宝大促日历

营销活动包括大促爆发、常态营销和主题营销 3 种活动类型。图 2-34 是查看到的部分可报名营销活动。

图 2-34　可报名的营销活动

淘宝的营销工具花样繁多，主要有店内优惠券、裂变优惠券、顺手买一件、单品宝、赠品、店铺宝、搭配宝、N 元任选、淘金币活动、购物车营销和权益中心等官方营销工具或服务市场提供的营销工具。图 2-35 所示为淘宝的营销工具列表。

图 2-35　淘宝营销工具列表

直通车是淘宝平台最具特色的搜索广告，是按点击扣费的营销工具，展示免费但点击扣费，帮助商家把产品展示在客户面前。直通车主要的展示位在电脑端页面右侧和底部，手机端在淘宝搜索结果中与所有商品混排，带有英文"HOT"标识的就是直通车推广的商品。此外，在淘宝站内其他位置和站外也有相应的资源位展现的机会。下面，以淘宝直通车为例，介绍参加网店推广的操作步骤。

第一步，打开直通车投放页面。点击"千牛卖家中心"—"推广"—"推广服务"—"直通车"，前往直通车官网，会自动跳转到阿里妈妈直通车首页，如图2-36所示。

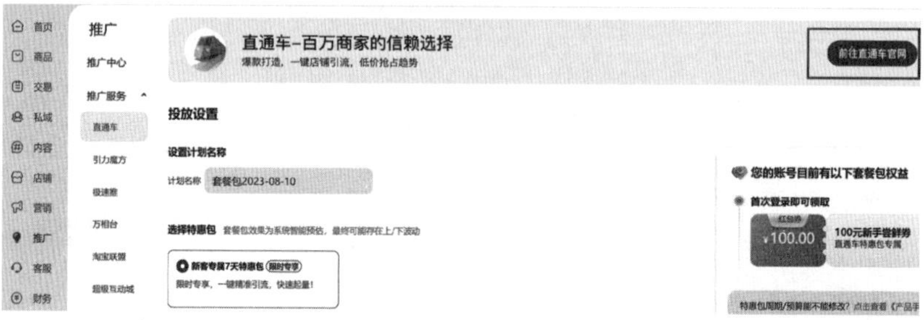

图2-36　直通车登录入口

首页模块解析：首页模块含有加速特权、充值模块、计划模块和数据模块。商家每日均可能有机会获得流量加速特权，但需完成指定的任务。商家可每日登录小程序确认是否有任务以及具体任务内容。商家可在充值模块处利用直通车账户快速完成对推广宝贝的充值。商家可在计划模块处看到不同的计划个数并新建计划。商家可在数据模块查看账户整体的实时数据，滑动可看更多，点击查看历史效果分析可看更多精细化的数据。

第二步，新建计划（智能计划—提升宝贝销量），图2-37所示即为直播车创建广告计划的页面。

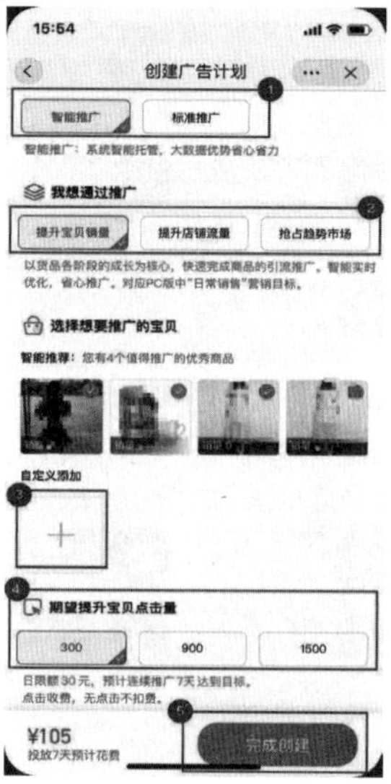

图2-37　直通车新建计划提升宝贝销量

计划类型：直通车的广告计划类型有智能推广和标准推广两种类型。智能推广是系统智能托管，无须商家进行关键词、出价等设置；标准推广可添加自定义关键词，并进行人群定向设置。

推广目的（本次升级内容）：如选择智能推广，则可进一步选择推广目的，当前支持3种目的的选择，提升宝贝销量、提升店铺流量和抢占趋势市场，根据选择内容的不同，下方会出现不同的子选项。

推广宝贝：如选择提升宝贝销量，则系统会帮助客户选择较为优质的宝贝进行推荐，可以进一步筛选，也可以自行进行更多宝贝的添加。

期望提升宝贝点击量：根据客户选择的数值，系统会在下方帮助客户计算日限额，推广天数，以及对应的费用。

完成创建：如余额充足，则可直接完成创建；如余额不足，则需前往充值。

第三步，新建计划（智能计划—提升店铺流量）。选择提升店铺流量，则全店智能托管，系统会快速检测店铺中所有宝贝中的潜力宝贝，分周期帮助客户进行智能引流，优化全局效果，如图2-38所示。

图2-38 直通车新建计划提升店铺流量

第四步，新建计划（智能计划—抢占趋势市场）。选择抢占趋势市场，系统会挖掘当前流行的消费趋势，帮助客户找到搜索热度增长的流量，抢占趋势市场洼地。如客户的店铺暂无适合该行业趋势词推广的商品，则建议客户进行相应货品的补充，或选择其他营销目标进行推广，如图 2-39 所示。

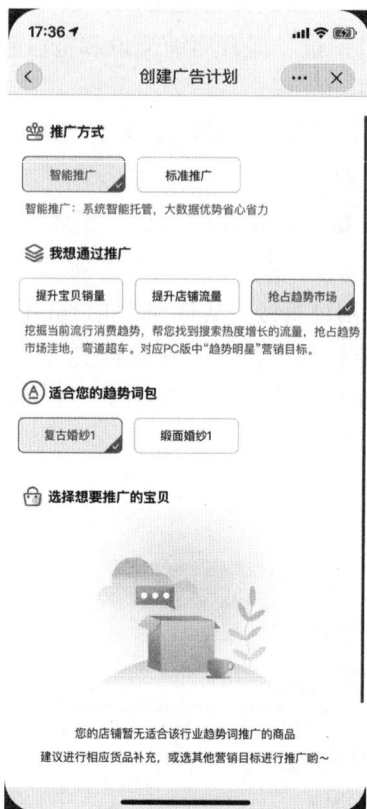

图 2-39　直通车新建计划抢占趋势市场

微课精讲：直通车优化　　　　　　　　　　　　　　学习笔记

任务五　运营评估

　　阿里系市场经过这么多年的发展，对电子商务各行业、市场主体的各项指标都有着清晰的梳理与统计。从前期的量子恒道到后来的数据魔方再到现在的生意参谋，阿里系大数据在实践中不断创新与发展。目前，淘宝上的网店商家主要使用的数据平台就是生意参谋。如图 2-40 所示，生意参谋首页首屏可以看到支付金额、访客数、支付买家数、浏览量和支付子订单数的实时概况。

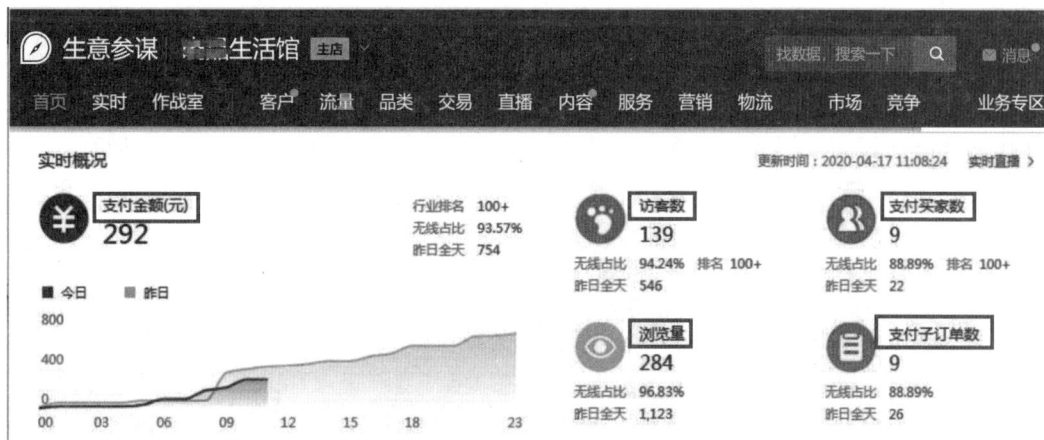

图 2-40　生意参谋首页部分信息截图

　　生意参谋的首页还提供整体看板、诊断看板、流量看板、转化看板、客单看板、内容看板、竞争情报、行业排名等全方位的数据信息，帮助淘宝商家了解自己的店铺运营情况和在行业中的排名。

　　生意参谋集实时数据、作战室、客户、流量、品类、交易、直播、内容、服务、营销、物流等数据产品于一体，是商家统一数据产品的平台，也提供市场、竞争、业务专区和自助分析等数据情况，是大数据时代下淘宝网店商家调整经营策略所依赖的重要数据来源。通过生意参谋的市场和竞争能洞察整个行业的市场大盘、市场机会和市场客群等数据信息。下面仅以"市场"子栏目作为例子介绍生意参谋中提供的市场数据情况。

　　登录生意参谋，点击"市场"栏目，可以进行市场监控。市场洞察是一款为中高端商家打造的市场分析数据产品，可满足市场大盘全景洞察、市场机会深度解析、市场客群多维透视、竞争实时监控分析四大核心场景的分析诉求，帮助店铺清晰了解市场结构、深度挖掘潜客需求，为市场扩展提供决策支持，如图 2-41 所示。

图 2-41　生意参谋市场洞察

生意参谋的市场栏目下还提供"客群洞察"功能。客群洞察提供行业客群和客群透视两大功能，帮助店铺了解市场人群特质、定位店铺与市场之间的差距、分析不同行业之间的优劣势，是淘宝网店商家开辟市场的重要分析工具。其中客群透视为豪华版专有功能，提供该行业下的人群画像及多维透视分析，可多项指标交叉分析不同地域、不同年龄段的人群的购买力、转化率、购买特质以及人群的变化趋势等，帮助店铺更精准地进行市场扩展和规划。客群洞察如图 2-42 所示。

图 2-42　生意参谋客群洞察

生意参谋的市场栏目下还提供"机会洞察"功能。市场机会洞察提供属性洞察和产品洞察两大功能，包含行业热门产品和属性的排行与分析功能；帮助店铺了解市场需求和潜在市场，为店铺发现市场红蓝海、制定新品研发及老产品调优计划等场景提供决策支持，如图 2-43 所示。

图 2-43　生意参谋机会洞察

　　机会洞察中的淘商机，能提供某一产品市场的需求分析与机会分析。例如，2022年4月5日某淘宝C店卖家打开生意参谋的淘商机显示，针对宠物边角料市场，平台客户对宠物边角料的需求量预测近期将有所上升（需求人群无明显特征），同时当前该市场商品量无法满足消费需求量，呈现"供不应求"的状况（价格带无明显特征），请关注该蓝海市场商机。图2-44是宠物边角料市场的需求分析和机会分析相关数据。针对宠物边角料这一蓝海市场，淘商机还提供市场运营参考策略：上架新品或关联已有商品，以抢占市场机会。

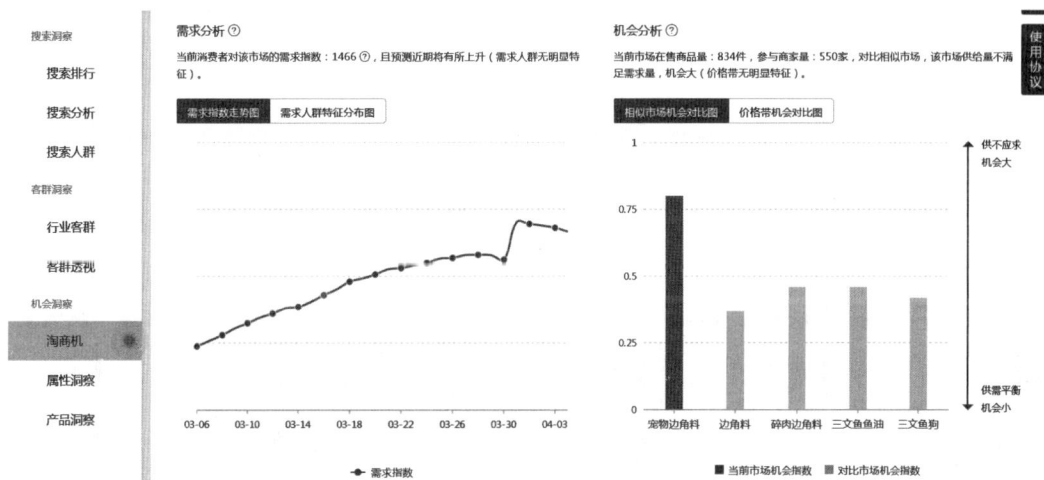

图2-44　生意参谋淘商机

　　市场洞察能够帮助网店商家掌控市场大盘，进行秒级实时市场大盘监控、本店层级监控、行业TOP排行等，让网店商家快速了解行情动态。市场洞察还可对行业TOP商家、商品、品牌排行进行实时监控与分析，智能识别高潜力对手，实时监控竞争动态，有利于网店商家做到知己知彼，占据竞争优势。市场洞察不仅可以够帮助网店商家开拓市场机会，还可以对行业客群、搜索客群、品牌客群、属性与产品分析等进行深度解析，支持在线多维客群透视。通过这种方式，网店商家可以锁定热门人群特质及人群变化趋势，挖掘市场红蓝海。

【知识链接】

在进行市场调研的基础上，对网店完成市场定位，并确定好销售的产品或服务后，就需要创建网店并对网店进行装修。只有完成这些工作后，才可以发布商品并开始网店的运营。优秀的店铺装修不仅能吸引客户驻足，还能给客户清晰明了的指引；既能提高点击率，又能提升商品转化率。

一、网店创建

目前国内主流的电子商务平台有淘宝、京东、美团、拼多多、唯品会、当当等，每个平台都有自己的开店流程和规则。在开店时，商家首先要了解各个平台的基本情况和主营业务模式，根据自己的需要选择一个合适的平台，然后注册用户创建店铺。淘宝以个人卖家为主，兼有C2C和B2C业务，因为门槛较低，适合个人开店。淘宝个人店铺入驻需要提交个人身份证信息；企业入驻需要提交企业资质材料，并申请企业支付宝账号，申请审核通过之后，需缴纳保证金。

网店创建还需要设置基础信息，基础信息主要包括店铺名称、店标和店铺简介等。

1.店铺名称

店铺名称蕴含着店铺经营商品、店铺服务理念及店铺定位，优质的店铺名称能迅速地把店铺的经营理念传递给客户，增强感染力，给客户留下更深的印象。淘宝的店铺名称最长可以是20个汉字，每180天内仅可以修改3次。网店在取名过程中，不仅要讲究语义与发音，突出网店特色，还要抓住客户需求吸引其注意力。因此，网店取名一般要遵循以下几个原则。

① 朗朗上口，易读易记。网店的名称要有传播性，方便商家在网上进行传播推广。因此，网店名称要尽量简短，少用生僻字，避免使用过长或复杂的词汇，能被客户轻松记住。网店名称宜响亮顺口、通俗易懂，利于客户进行口碑传播。

② 富蕴内涵，体现主营产品。网店名称要尽量结合主营产品，反映经营者的独立经营理念或店铺特色定位，传递独特的卖点，提高辨识度。例如："麦包包"通过网店名称向客户传递了主营"箱包"品类的产品；"全棉时代"则将其产品材质这一卖点进行了很好的诠释。

③ 遵守法律法规，合乎平台规则。网店名称应该遵守法律法规，合乎平台的规则。确保网店名称不会侵犯他人商标权，避免使用可能引起误解、误导或欺诈性的名称。避免使用具有冒犯性、侮辱性、歧视性或有消极政治影响等非法含义的名称。网店命名也要遵循各个电商平台的规则，例如淘宝平台个人店铺名称禁止使用"旗舰""官方"等表述。

2.店标

店标，即店铺标志，也就是人们常说的店铺logo，一般采用图像、图标或风格化文本的形式，代表网店的名称、价值观或产品（服务）。店标是网店在品牌建设和市场推广中形象识别的重要因素，旨在建立良好的品牌形象并增强客户的整体购物体验。店标要求的文件格式常见为GIF、JPG、JPEG和PNG。各平台对店标文件的大小和尺寸也有一定的要求。例如，淘宝网要求上传的店标最小宽度为 120px，最小高度为 120px，宽高比为 1 : 1，格式为 png、jpg、jpeg 的图片。

店标的设计与制作非常重要，精心设计的标志能够传达品牌的精髓，帮助网店脱颖而出，在目标客户心中唤起正向的情感和联想，并与客户建立信任。店标图形的构成元素有文字标志、图形标志、图文综合标志。

（1）文字标志

文字标志一般直接使用网店的名称文字，或者附上品牌理念及网店运营宗旨等，然后将文字运用软件进行美化修饰即可，如图 2-45 所示。

图 2-45　文字标志店标

（2）图形标志

图形标志由一种没有任何文字的独特的图形或图形标志构成，主要包括自然图形标志和几何图形标志。自然图形标志以人物、动物、植物、风景及生活中的一切物体作为设计原型进行概括、提炼、夸张、变形等艺术手法设计；几何图形标志是指由三角形、方形、圆形等几何图形构成的标志图形。图形标志店标如图 2-46 所示。

图 2-46　图形标志店标

（3）图文综合标志

图文综合标志是指将符号/图标和品牌名称结合在一起以创造独特身份的标志。图 2-47 的店标就是由自然图形、几何图形、文字等多种元素相互配合构成的。

图 2-47　图文综合标志店标

3.店铺介绍

店铺介绍就是对店铺的主营产品、销售主张和店铺动态等情况进行简要描述，一般会受到字数的限制。淘宝目前只能输入 16 ～ 24 个字的店铺介绍，介绍的内容可以从以下几个方面着手。

第一，简明扼要地介绍网店名称以及经营的主要产品或服务类型。店铺简介中要避免使用可能混淆潜在客户的行话或技术语言，使用描述性和积极的语言来调动目标客户对产品的兴趣。

第二，定义网店的销售主张，阐明与竞争对手的区别。店铺介绍要突出独特的产品、卓越的客户服务、独家优惠或任何其他与众不同的功能，强调客户可以获得的利益和价值。

第三，了解目标客户，并根据目标客户的需求和兴趣定制介绍的内容，以期满足目标客户的需求，解决痛点。也可以通过分享网店背后的故事或简短轶事来吸引客户的注意力，增强与客户的联系。还可以通过建立信任的元素，如客户证明、评论、安全徽章或与知名组织的关系来培养潜在客户的信心。

第四，搜索引擎优化，定期更新。可以在店铺介绍中加入优质关键词，以提高其在搜索引擎结果中的可见性。要定期审查和更新店铺简介，以反映产品、服务或公司价值观的任何变化。精心制作的店铺简介可以给人留下持久的印象，并鼓励客户进一步探索网店。

二、网店装修

网店创建完成后，需要对网店进行装修。美观大方的网店可以给客户留下良好的第一印象，有利于提升客户的体验感。商家在装修前要设计好网店风格，明确店铺要传递给潜在客户一个什么样的感觉，以及期望获得的效果。首先，页面布局的元素一般包括格式整洁的正文、和谐的色彩搭配、良好的对比度、可读性强的文案、生动的背景、匀称的布局、无错别字且无拼写错误等，主次分明，重点突出。其次，在设计页面时，要重视色彩的搭配。这需要了解一些色彩方面的知识，不同的色彩能够引起人们不同的情感反应，给人们带来不同的视觉效果和心理感受。例如：与食品相关的店铺可以装饰成红色系的，因为红色最容易激发客户的食欲；母婴产品可以用粉色系，给人温馨和温暖的感觉；数码产品则偏爱黑色系，给人权威与创意的感觉。和谐的视觉形象和装修风格能够提升客户对网店的认同感，增加凝聚力，提高转化率。图2-48列举了各种颜色传达给人的信息。

红色：热情 权威 自信　　推荐：商城 活动 大促 婚庆
粉色：温柔 甜美 浪漫　　推荐：少女 饰品 母婴 童装
蓝色：希望 理想 独立　　推荐：夏季 经典 清爽 旅游
紫色：优雅 浪漫 高贵　　推荐：女性 化妆 家纺 时尚
绿色：清新 活力 安全　　推荐：药品 茶品 食品 运动
橙色：欢乐 明亮 温暖　　推荐：新品 果蔬 活力 年轻
棕色：浓厚 稳定 朴素　　推荐：传统 茶具 家具 文化
黑色：高贵 权威 创意　　推荐：绅士 数码 个性 钻饰
灰色：诚恳 考究 沉稳　　推荐：男性 服饰 鞋帽 气质
白色：纯洁 天真 和平　　推荐：浪漫 典雅 居家 简洁

图2-48 色彩传达的信息

网店首页设计是网店装修中最重要的工作之一，优秀的网店首页装修不仅可以给客户良好的第一印象，而且可以让客户在网购过程中快速发现目标产品。网店的布局要符合客户对网站的浏览习惯，文字字体尽量做到统一，不要采用看起来凌乱的字体。网店装修设计工作一般包括店招的设计、条幅广告的设计和导航条的设计等。

1.店招的设计

网店的店招是一个店铺的门面，也是客户进入店铺后的第一印象。因此，店招的设计非常重要。店招一般包含店铺名称、logo、标语、产品、促销信息等，是吸引客户、传达店铺信息的重要途径。店招可以由文字和图案组成，其设计要确保与网店主营产品的特点和首页的整体色调相协调，以增强品牌形象的一致性。店招中一般包含一两句店铺标语，店铺标语要能够简洁而明确地表达店铺的经营理念或行业地位，引起客户的兴趣。店招中可以展示店铺中标志性产品并标注价格和促销信息等以吸引客户注意力。促销信息则应结合店铺当前的促销活动及时更新，以提高促销活动的效果。总之，店招的位置关键，一定要精心设计。既要让客户印象深刻，又能展示店铺主营产品和关键的促销信息等。

设计网店店招时，可以从以下 3 个方面进行考虑：品牌宣传、活动促销和产品推广。

（1）品牌宣传

店招在品牌宣传方面起着关键作用。在制作品牌宣传型的店招时，一般要包含店铺名称、logo 和广告语等基本要素，以确保品牌形象的传播。适当地在店招中添加关注按钮、关注人数、收藏按钮、店铺授权资质等，侧面反映店铺实力。此外，搜索框、第二导航条等设计可以引导客户搜索，并提供导航功能，以提高客户体验。

（2）活动促销

设计活动促销类的店招时，除了店铺名称、logo 和广告语等基本元素，还需要在店招上突出显示促销活动信息、优惠券和促销产品等内容。在制作与活动促销相关的店铺招牌时，务必将活动信息放置在页面中显眼的位置，以便客户一目了然。

（3）产品推广

从推广产品的目的出发，店招的设计应重点展示促销产品、价格和优惠力度等内容。选择合适的"招徕产品"呈现在店招中以吸引客户的注意。同时，店铺名称、logo 和广告语等品牌宣传的元素也不可忽视。

综上所述，店铺招牌应满足品牌宣传、活动促销或产品推广的需求。此外，店铺招牌的设计风格应与店铺主营产品的特点相一致，以体现品牌风格的延续性。店铺招牌是客户进入网店首页后第一眼看到的内容，是传递信息的重要窗口，因此必须仔细策划，既要给新客户留下深刻印象，又要为老客户带来新鲜感。

2.条幅广告的设计

在网店的首页，一般会设计一个醒目的广告条幅（banner），条幅中的商品图片和表现形式会直接影响客户的购买转化率。色彩搭配合理、言简意赅、卖点突出的条幅广告能够有效激发客户对店铺和商品的兴趣。网店条幅广告的设计与制作需要关注目标客户，内容简洁明了，突出主要信息，吸引客户眼球。条幅广告设计应与网店的品牌风格保持一致，确保广告的视觉识别与品牌形象相符。首先，条幅广告的设计需注意网页加载速度并进行响应式设计，而且要考虑不同设备和屏幕尺寸的适配，以便广告在各种设备上都能正常显示。其次，在发布条幅广告之前，要进行多次测试，并根据反馈和数据优化广告效果，以提高广告的点击率和转化率。还可以在条幅广告中加入清晰的呼吁行动，如"立即购买""了解更多"等，引导客户进行下一步的操作。最后，要确保广告内容不违反相关法律法规，避免使用欺诈性或误导性的宣传语言。

3.导航条的设计

网店导航条是网店内容架构的体现，是客户浏览网店内容的主要导航工具。设计合理的导航条能够帮助客户快速找到所需信息，并且清楚其所在的位置，很容易返回网店首页。

网店导航条的设计要点包括：

（1）易于寻找

导航条应该位于网页的显眼位置，通常放置在页面的顶部或顶部附近。客户一进入网店首页就能够轻松找到导航条，不需要滚动或翻页。

（2）清晰简洁

导航条的设计应简洁明了，避免过多的菜单项和复杂的排版。最好使用简短的词语或图标，确保客户一目了然。

（3）有序分类

将网店内容按照类别进行有序分类，每个分类下面包含相关的子菜单，这样客户可以更方便地找到所需的产品或信息。

（4）有效链接

导航条上菜单项的超链接与每一个导航按钮都应该是真实有效的，用户点击后能够跳转到相应的页面。

（5）使用直观图标

对于移动端或有限空间内的导航条，可以使用直观的图标代替文字，增加导航条的美观性和易用性。

此外，导航应该具体而完整，可以让客户快捷获得整个网店范围内的领域性导航；应包含网店中全部的信息及其关系，能够为客户提供资讯信息。一个优质的导航条设计可以提升客户体验，促进客户浏览和购买，对网店的成功运营非常重要。

三、商品发布

在网店装修之后，就要进行商品的发布和管理。商品发布分别从商品标题、商品主图和商品详情页三个方面进行介绍。

1.商品标题

客户在电商平台上经常通过搜索引擎输入关键字来完成对相关商品的搜索，当搜索关键字与商品标题中的文字不一致时，商品就不容易被检索到，无法通过搜索展现。这样，店铺的流量会大大降低。因此，打造专业化的商品标题，是商品发布的重要组成部分，也是后期店铺推广的重要步骤。

商品的标题中一般会含有商品的品牌、类目、属性、长尾词和促销词等。一个优秀的商品标题应该是经过精心挑选组合而成的。淘宝平台上的商品标题最多允许输入30个汉字（60个字符），标题和描述关键词不能使用违规词，不能使用制表符或换行符（系统将自动替换成空格）。商品的标题要提升商品搜索的曝光量，填写商品标题要符合"224法则"，即2有2无4匹配。

2有，即标题要有"热搜词"和"蓝海词"。"热搜词"就是市场搜索热度比较高的词，可以通过电商平台的数据分析工具或者借助其他监控网站的数据分析结果中"搜索人气"比较高的关键词来获取。反之，"蓝海词"就是市场竞争比较小的词。商品标题重点选择"搜索人气"高、"在线商品数"低的关键词作为标题的蓝海词。

2无，即标题"无重复词"和"无违禁词"。"无重复词"就是要求标题中不能多次出现同一个词，因为系统在搜索匹配时只会出现一个，所以重复使用关键词属于浪费。"无违禁词"则要求标题中不要填写其他品牌的品牌词，或者违反广告法的违禁词，比如"发票代开""身份证""银行卡"等，否则有可能会被系统强制下架。

4匹配，即关键词要匹配客户搜索习惯、匹配产品所在类目、匹配产品发布时填写的属性、匹配系统拆词逻辑。第一，关键词要匹配客户搜索习惯。编辑商品标题词，要根据客户的搜索习惯进行选择，并考虑不同区域对同一种产品有不同的称谓。例如马铃薯，有的客户习惯搜索"土豆"，有的习惯搜索"洋芋"或"山药蛋"等，标题中尽量包含搜索量较高的关键词，这将为商品引来更多的流量。第二，关键词要匹配商品所在类目。关键词如果不是本类目的词，即便出现在标题中，也不会为商品带来搜索流量。例如客户本来要购买茶叶，但是由于商家在某红枣产品的标题中放入了"大红袍"关键词，系统会认定红枣不属于茶叶类目而默认不展示。第三，属性是发布商品时在"类目属性"处勾选或填写的内容，比如服装产品，发布产品时需要选填面料、领型等信息。例如雪纺衬衫，在填写属性时"面料俗称"中选择"雪纺"，但是在商品标题中却写有"纯棉"，就是不匹配属性的。这种情况下，客户搜索"纯棉"，该商品因为标题中有"纯棉"字样，也会展示，但是展示的位置通常会很靠后，且有被客户投诉的风险。第四，关键词要匹配系统拆词逻辑。标题中的关键词在填写时，要注意不要把一些核心关键词拆开填写。因为拆开写的话，系统会认为是几个字的组合词，而不是一个完整的词，而导致无法被搜索到。

2.商品主图

商品主图是客户进入商家店铺的最先入口，主图的优劣是影响客户注意力和点击率的主要因素。优质的商品主图可以节省一大笔推广费用，从而吸引更多的流量进入店铺。商品的主图一般包括产品、文案、场景和优惠信息等内容。

（1）产品

产品是主图中最核心的点，毕竟产品才是吸引客户购买的主要动力，所以在设计主图的时候，要针对产品做好以下几点。首先，占据版面。对于主图而言，产品一定要突出，至少要占据整个页面1/3的视觉焦点。否则占据版面太小，容易导致产品不够突出，而被客户忽略。其次，展现方式。不同的产品，使用形式肯定是不同的，在主图中，最好以产品的使用场景来设计，再根据产品的特点，加一些产品特色元素进去，使人能够充分感受到产品的特点。比如酸辣粉，客户脑海中所想象的画面肯定是煮好的酸辣粉，而不会是只有包装袋的酸辣粉。因此，采用已经煮好的酸辣粉，再搭配升腾着热气的主图，更能抓住客户的味蕾。最后，突出卖点。产品想要在同质化的情况下，抓住客户的眼球，就要有一个突出的卖点，而这一卖点，需要通过主图充分地展现出来。

（2）文案

商品主图中除了产品本身，还需要文案来辅助突出卖点。主图的文案一般要求简洁明了，卖点不宜过多，否则信息过量，会导致客户无法抓住重点。单一卖点足够突出，但要确定其能够切实抓住客户的痛点，要了解客户对于产品的需求，再去提炼；要以客户为中心进行主图文案的设计，从客户角度出发，不要放一些让客户不知所云的内容。

（3）场景

主图应该将产品的展现做得更加场景化，让客户认可企业的产品。单以产品展示，客户所收到的信息就是这个产品而已。如果添加上场景，客户则会联想到在特定场景中使用该产品的画面。这样，客户就会有代入感，在潜意识里提高对主图中产品的接受程度，提高客户点击的欲望。

（4）优惠信息

优惠信息主要用在搜索位置。在推荐位置下，要与其他店铺的产品进行竞争，并不是与相同款式的产品竞争，因此不存在比价、优惠的情况。所以在推荐式流量下，不是很有必要在主图中添加优惠信息。优惠一般有两种形式：一是价格，二是赠品。价格方面的话，不建议商家直接降价，可以采用优惠券形式降价，后续能够根据店铺情况实时调整价格信息，不会影响产品权重。当然，商家们不能一味地以低价来抢占市场，最好还是要以切实的产品卖点、质量以及口碑来吸引客户。在赠品的挑选方面，简单来说，就是赠品要与店铺的产品强相关。比如服装类目，赠送袜子；护肤产品就赠送一份小样等，确保赠送的产品是客户切实需要的。

3.商品详情页

详情页就像推销员一样，能够引导客户达成交易。虽然不同的电子商务平台对详情页的大小以及图片格式可能有不同的要求，但是详情页布局基本都大同小异。一般情况下，商品的详情页会包括产品的正面、侧面和背面等多角度的高清大图，以及产品的功能型号、款式颜色、细节展示、资格证书、使用说明、物流及售后等内容。详情页设计的逻辑主要有4个方面。

（1）引起注意

优秀的详情页是激发客户购买欲望和提高商品转化率的重要入口。要规划好详情页里需要展现的内容，比如可以用优惠券、活动海报等先引起客户的注意，防止跳失。

（2）提升兴趣

详情页中要突出产品卖点，给予客户充分的理由以选择店铺的产品。详情页的产品介绍可以从设计理念、制作工艺、用料成分、穿戴效果、使用场景、体积重量、功能功效等角度来突出产品的核心卖点。

（3）建立信任

可以通过关键证据证明实力，比如权威证书、工厂或品牌背书、原产地背书、质检报告、代言人、专家评审、授权书、进口报关单等，取得客户对产品的进一步信任。

（4）消除疑虑

客户在购买的时候会被产品物流问题、价格问题和售后服务等问题阻隔在成交的门外犹豫不决，这就需要打消其疑虑，比如承诺无理由退货、买贵退差价、免费保修等。

此外，手机端和电脑端比起来，屏幕面积较小，因此，手机端的详情页一般要重新设计制作，并且在上传平台之后务必要在手机端先预览检查一下效果再发布。

【评价反馈】详见表2-6、表2-7、表2-8。

表2-6　个人自评打分表

班级		姓名		日期	年　月　日
评价指标	评价内容			分数	分数评定
信息检索	能有效利用网络、图书资源、工作手册查找有用的相关信息等；能用自己的语言有条理地去解释、表述所学知识；能将查到的信息有效地传递到工作中			10分	
感知工作	熟悉作图步骤，认同工作价值；在工作中能获得满足感			10分	
参与态度	积极主动参与工作，能吃苦耐劳，崇尚劳动光荣、技能宝贵；与教师、同学之间相互尊重、理解、平等；与教师、同学之间能够保持多向、丰富、适宜的信息交流			10分	
	探究式学习、自主学习不流于形式，处理好合作学习和独立思考的关系，做到有效学习；能提出有意义的问题或能发表个人见解；能按要求正确操作；能够倾听别人意见、协作共享			10分	
学习方法	学习方法得体，有工作计划；操作技能符合规范要求；能按平台要求正确操作；获得了进一步学习的能力			10分	
工作过程	遵守管理规程，操作过程符合平台管理要求；平时上课的出勤情况和每天完成工作任务情况；善于多角度分析问题，能主动发现、提出有价值的问题			15分	
思维态度	能发现问题、提出问题、分析问题、解决问题、创新问题			10分	
自评反馈	按时按质完成工作任务；较好地掌握了专业知识点；具有较强的信息分析能力和理解能力；具有较为全面严谨的思维能力并能条理清楚、明晰地表达成文			25分	
个人自评分数					
有益的经验和做法					
总结反馈建议					

表 2-7 小组自评打分表

班级		组名		日期	年 月 日
评价指标	评价内容			分数	分数评定
信息检索	能有效利用网络、图书资源、工作手册查找有用的相关信息等；能用自己的语言有条理地去解释、表述所学知识；能将查到的信息有效地传递到工作中			10 分	
感知工作	熟悉作图步骤，认同工作价值；在工作中能获得满足感			10 分	
参与态度	积极主动参与工作，能吃苦耐劳，崇尚劳动光荣、技能宝贵；与教师、同学之间相互尊重、理解、平等；与教师、同学之间能够保持多向、丰富、适宜的信息交流			10 分	
	探究式学习、自主学习不流于形式，处理好合作学习和独立思考的关系，做到有效学习；能提出有意义的问题或能发表个人见解；能按要求正确操作；能够倾听别人意见、协作共享			10 分	
学习方法	学习方法得体，有工作计划；操作技能符合规范要求；是否能按平台要求正确操作；获得了进一步学习的能力			10 分	
工作过程	遵守管理规程，操作过程符合平台管理要求；平时上课的出勤情况和每天完成工作任务情况；善于多角度分析问题，能主动发现、提出有价值的问题			15 分	
思维态度	能发现问题、提出问题、分析问题、解决问题、创新问题			10 分	
自评反馈	按时按质完成工作任务；较好地掌握了专业知识点；具有较强的信息分析能力和理解能力；具有较为全面严谨的思维能力并能条理清楚、明晰地表达成文			25 分	
小组自评分数					
有益的经验和做法					
总结反馈建议					

表2-8 小组间互评表

班级		被评组名	日期	年 月 日
评价指标	评价内容		分数	分数评定
信息检索	该组能有效利用网络、图书资源、工作手册查找有用的相关信息等		5分	
	该组能用自己的语言有条理地去解释、表述所学知识		5分	
	该组能将查到的信息有效地传递到工作中		5分	
感知工作	该组熟悉作图步骤,认同工作价值		5分	
	该组成员在工作中能获得满足感		5分	
参与态度	该组与教师、同学之间相互尊重、理解、平等		5分	
	该组与教师、同学之间能够保持多向、丰富、适宜的信息交流		5分	
	该组能处理好合作学习和独立思考的关系,做到有效学习		5分	
	该组能提出有意义的问题或能发表个人见解;能按要求正确操作;能够倾听别人意见、协作共享		5分	
	该组能积极参与,在网店创建、装修、运营推广过程中不断学习,综合运用网店运营的能力得到提高		5分	
学习方法	该组的工作计划、操作技能符合规范要求		5分	
	该组获得了进一步发展的能力		5分	
工作过程	该组遵守管理规程,操作过程符合平台管理要求		5分	
	该组平时上课的出勤情况和每天完成工作任务情况		5分	
	该组成员能按时完成网店运营和推广的相关作品,并善于多角度分析问题,能主动发现、提出有价值的问题		15分	
思维态度	该组能发现问题、提出问题、分析问题、解决问题、创新问题		5分	
自评反馈	该组能严肃认真地对待自评,并能独立完成自测试题		10分	
互评分数				
简要评述				

表 2-9　教师评价表

班级		组名		姓名	
出勤情况					
评价内容	评价要点	考察要点		分数	分数评定
1.任务描述、接受任务	口述内容细节	（1）表述仪态自然、吐字清晰		2分	表述仪态不自然或吐字模糊扣1分
		（2）表达思路清晰、层次分明、准确			表达思路模糊或层次不清扣1分
2.任务分析、分组情况	依据平台要求尺寸和标准	（1）分析平台网店作品要求的关键点准确		3分	表达思路模糊或层次不清扣1分
		（2）涉及理论知识回顾完整，分组分工明确			知识不完整扣1分，分工不明确扣1分
3.制订计划	制作装修和推广素材	装修和推广素材数量和规范（包括标题、尺寸、美观、营销要素等）		5分	一处表达不清楚或层次不清扣1分，扣完为止
	制订营销计划和运营管理规范	制订营销计划；制定成员管理规范		10分	营销计划内容缺少一项扣1分，成员管理规范不合理的地方一处扣1分，扣完为止
4.计划实施	装修素材	（1）网店创建、店标logo设计制作		5分	每漏一项扣1分
		（2）店招设计与制作			尺寸不符或信息有误扣1分
		（3）横幅广告设计与制作			轮播图片不满3幅扣1分
	营销计划	（1）商品准确发布与管理		5分	每有一个信息错误扣1分，扣完为止
		（2）营销方案合理		5分	营销方案符合企业实际，每有不合理处扣1分
		（3）营销作品呈现		40分	
	运营管理	（1）网店整理美观大方，风格与产品和企业形象相符合		3分	
		（2）员工分工明确，任务搭配合理		2分	
5.检测	产品图片详情页信息	图片规范、信息准确度		5分	错一个扣1分
6.总结	任务总结	（1）依据自评分数		2分	
		（2）依据互评分数		3分	
		（3）依据个人总结评分报告		10分	依据总结内容是否到位酌情给分
合计				100分	

【思考与练习】

1. 单选题: 以下说法错误的是（　　　）。

A.店铺介绍可以简明扼要地介绍网店名称以及经营的主要产品或服务类型

B.店铺介绍中可以定义网店的销售主张，阐明与竞争对手的区别

C.店铺介绍及其关键词不要经常更新，以免客户检索不到店铺

D.了解目标客户，并根据目标客户的需求和兴趣定制店铺介绍的内容，以满足目标客户的需求，解决痛点

2. 单选题: 下面商品标题，符合淘宝平台规范的是（　　　）。

A.票据正规发票代开费用便宜　　　　　B.女神范仙女连衣裙 2024 新款全网最低价

C.销量第一断码清仓亏本冲量大码女装　D.专柜商场撤回国际剪标女装时尚气质

3. 多选题: 网店取名一般要遵循以下（　　　）原则。

A.朗朗上口，易读易记　　　　　　　　B.富蕴内涵，体现主营产品

C.遵守法律，合乎平台规则　　　　　　D.为了创新而有个性，多用生僻字眼

4. 多选题: 店标图形的构成元素有（　　　）。

A.视频标志　　　　　　　　　　　　　B.文字标志

C.图形标志　　　　　　　　　　　　　D.图文综合标志

5. 多选题: 网店导航条的设计要点包括（　　　）。

A.易于寻找　　　　　　　　　　　　　B.清晰简洁

C.有序分类　　　　　　　　　　　　　D.有效链接并使用直观图标

6. 淘宝平台天猫店在装修上应该注意哪些事项，请了解天猫店的开店流程与资质要求。

7. 对比拼多多、淘宝和京东三大国内电商平台，请思考淘宝个人C店如何在激烈的竞争中获得一席之地（请从装修、推广与运营管理等方面进行论述）。

8. 掌握淘宝平台的商品发布步骤，能够熟练对商品进行相应的交易管理。

项目二练习参考答案

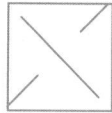

全球速卖通运营综合实训

【任务描述】全球速卖通（AliExpress）是阿里巴巴集团旗下的一家国际B2C电商网站，成立于2010年。作为全球最大的跨境电商平台之一，全球速卖通致力于为全球客户提供来自中国和其他国家的优质商品。全球速卖通的商品种类广泛，涵盖服装、家居用品、电子产品、美妆产品、运动装备等各个领域。客户可以在全球速卖通上找到来自世界各地的商家，购买到独特的商品。全球速卖通以其价格实惠、商品质量有保障和全球发货的特点受到客户的喜爱。该平台提供多种支付方式和快速的物流服务，以确保客户能够安全便捷地购物。全球速卖通还提供了一系列的保障措施，如买家保护计划和退款政策，以保障客户的权益。同时，全球速卖通也为商家提供了一系列的服务和工具，帮助他们扩大销售市场并提高销售业绩。通过全球速卖通，客户可以方便地购买到世界各地的商品，同时也为商家提供了一个全球化的销售平台。本项目的主要任务是掌握在全球速卖通平台进行网店规划、网店开设、网店管理、网店推广以及运营评估等任务活动，对全球速卖通网店运营进行全面的综合实训。知识链接部分则侧重于对商品管理、物流管理和客户管理等任务进行知识储备和扩展。

【学习目标】能力目标

1.能够掌握全球速卖通网店的入驻流程；

2.能够掌握全球速卖通平台的商家规则；

3.能够掌握全球速卖通网店运营与推广的基本流程，重点包括交易管理、客户管理以及物流管理的技巧等。

知识目标

1.了解跨境商品管理的选品、商品拍摄与美化的原则、要点和技巧；

2.了解跨境电商邮政物流、商业快递、专线物流和海外仓等4种主要的物流渠道；

3.了解跨境售前、售中、售后客服应当具备的知识和素质；

4.了解以全球速卖通为代表的跨境电商的业务模式，以及运营和推广的规则。

素质目标

1.培养学生数据收集与分析的能力；

2.培养学生团队合作、沟通协调的能力；

3.培养学生系统思考和独立解决问题的能力。

思政目标

1.具备爱岗敬业、诚实守信的职业操守；

2.具备精益求精的工匠精神；

3.具备遵守知识产权、契约精神和信息保密制度等法律法规的工作常识。

【任务分析】网店创建和装修完毕并将商品上架后，接下来就要进行商品管理、物流管理和客户管理等。实体类的产品还需要确定物流模式，选择主要发货渠道并进行发货配送等工作。任何网店都需要进行客户管理，维持老客户，吸引新客户，以客户为中心理顺客服工作流程，并与客户进行良好的沟通，努力提升客户的满意度。

【任务分组】详见表 3-1。

表 3-1　学生任务分配表

班级		网店名称		指导教师	
组长/学号		组名			
任务分工					
团队成员	学号	负责的分任务	数量（单位）		完成时间

【任务操作】

🖰 任务一　网店规划

通过市场调研，首先要明确目标市场是哪个国家或地区，是怎样的消费群体，该目标人群的消费习惯、偏好和需求等。其次，再根据目标市场的需求，选择适合的产品。选择产品的时候要考虑产品的热门度、竞争情况、利润空间等因素。同时，要研究竞争对手的产品和销售策略，了解他们的优势和不足，找到自己的差异化竞争点。最后，要明确网店的定位，比如定位于高端、平价或时尚等，以吸引目标市场的客户。根据网店的定位，设计一个吸引人的网店外观和布局，使客户能够轻松找到所需的产品和信息。网店规划任务单如表 3-2 所示。

表 3-2　网店规划任务单

调研目的		运营要求： 调研的目的、内容、方法正确合理；调研的市场现状符合现实情况；调研的市场发展趋势合理；商品选品依据充分；网店定位合理
调研内容		
调研方法		
行业现状分析		
行业发展趋势		
商品选品		
网店定位		
其他		

任务二　网店开设

一、网店创建

全球速卖通（以下简称速卖通）店铺注册需要满足一定的条件：首先需要具备合法的企业身份或具有个体工商户的营业执照。店铺拥有者还需要具备合法的经营资格和经验，有一部分经营类目还需要拥有相应的商标使用权，能够提供真实有效的联系方式，包括电话号码、邮箱等，并缴纳不同额度的保证金（目前中国国内账号有一定的地域限制，部分地区可能无法直接注册）。

以下是注册速卖通的具体流程。

第一，打开速卖通商家门户，即跨境卖家中心（https://sell.aliexpress.com），点击"注册"。

第二，进入注册账号页面后，如图 3-1 所示，准确填写相应的信息，平台会对提供的信息进行验证，并向你填写的手机号码和邮箱发送验证码。需要注意的是，注册邮箱不能包含诸如"aliexpress""taobao"或"alibaba"之类的字母，并且最好选择一个未曾注册过的全新邮箱，然后点击"立即注册"。

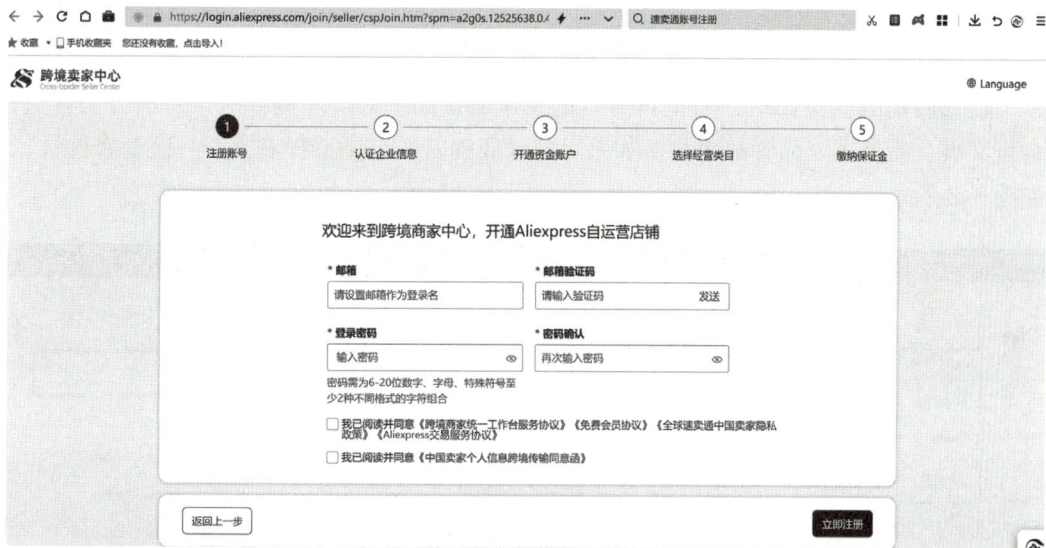

图 3-1　速卖通跨境卖家中心

第三，进入"认证企业信息"的页面，需要填写相关的企业信息，再完成企业认证。可以选择使用"企业支付宝授权认证"，通过支付宝扫码进行验证流程，或者选择"自行填报入驻信息并通过企业法人认证"。完成企业信息后再继续填写其他个人信息就可以提交审核了。

第四，审核通过后，要"开通资金账户"，选择经营类目并缴纳保证金，资质审核通过并缴费成功后，就注册成功了，然后可以发布商品了。

第五，关于店铺管理，可以使用专业工具辅助运营速卖通店铺，以保障店铺的网络环境安全和运营数据的安全，从而保护品牌安全。

二、网店装修

下面以速卖通的旺铺装修为例，装修设计的操作步骤如下。

1.进入店铺装修后台

点击"店铺"—"店铺装修"—"进入装修"，如图 3-2 所示。

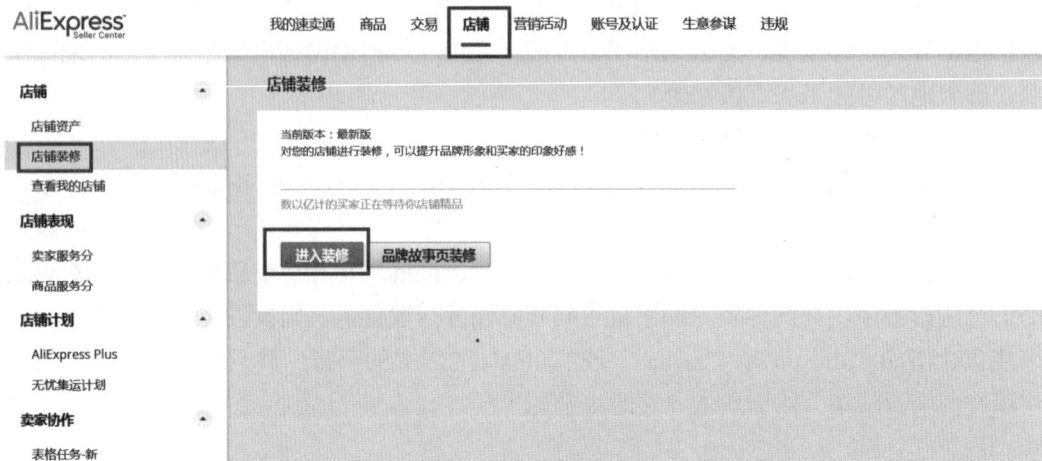

图 3-2 店铺装修入口

进入店铺装修页面后，右上角为店铺操作的帮助中心。左侧导航条目前分为首页、自定义页、新品页、品牌故事页。如果只装修店铺首页，则选择右方"一键装修首页"，如图 3-3 所示。

图 3-3 一键装修首页

2.其他页面说明

自定义页：完成基于商家自主装修的页面，一般应用于单次活动或公告，页面产生后会形成一个链接。

新品页：店铺首页新品 TAB 里的内容装修，支持商家自定义。为了更好地让商家运营店铺新品，现在店铺首页的新品 TAB 增加了自定义功能，商家可自己推荐重点新品，有策略地进行运营。

品牌故事页：用于品牌宣传的页面，支持商家自定义装修（目前只针对品牌官方店）。品牌故事可以让客户更好地认知品牌、了解品牌，从而提升信任度。

3.一键装修首页

装修最上方可选择想要展示的语言。左侧导航条分模块装修和模板选择，如不需要额外选择模板，则只需选"装修"即可，如图 3-4 所示。

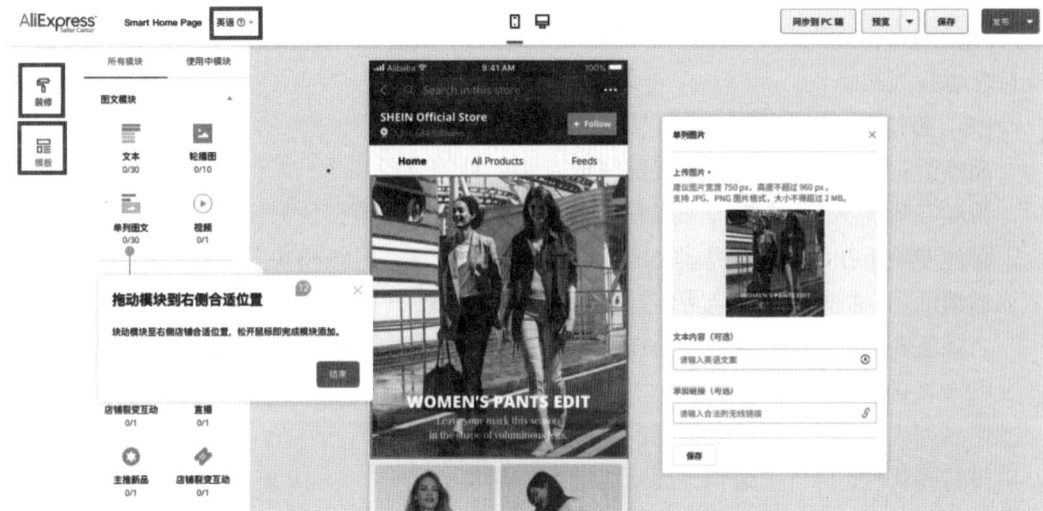

图 3-4 "一键装修首页"选择语言及"装修"按钮

选择想要的模块，只需长按鼠标左键，将左侧想要的模块拖拉至右边视图展示区。拖拉后按区域提示进行操作。模块拖拉完成后可上下移动调整位置，也可直接删除。例如：拖拉"单列图文"模块至右侧，按提示进行图片及文案编辑，如图 3-5 所示。

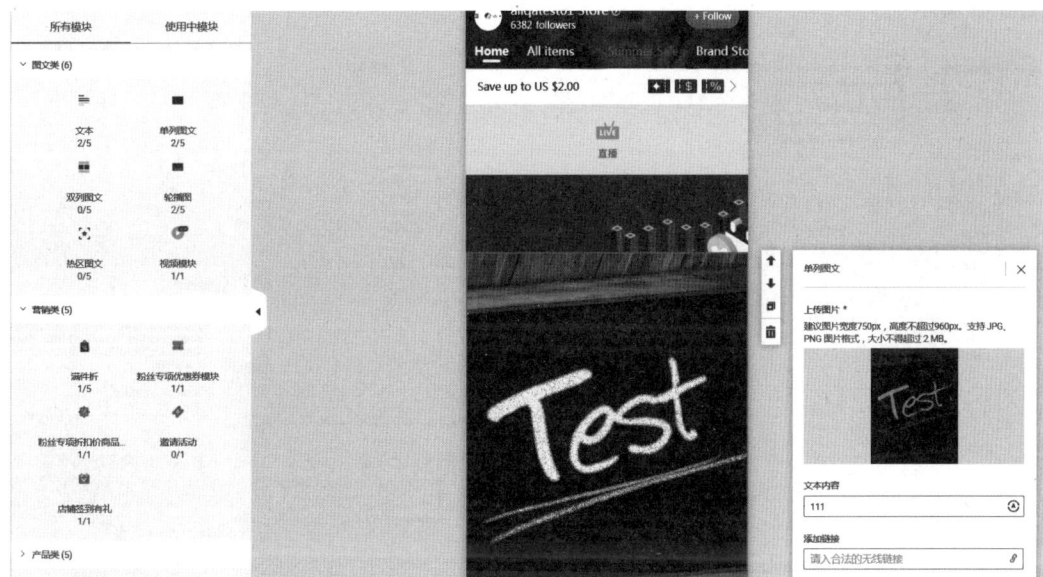

图 3-5 拖拉装修的模块区域

目前店铺所有模块分为：

（1）图文类

文本：纯文字输入。

单列图文：单列的图片＋文字输入。

双列图文：双列的图片＋文字输入。

轮播图：图片上传，支持URL链接。

热区图文：主要支持在图片上设置超级链接，双击可新增热区模块，热区模块也可支持任意拉大拉小。

（2）营销类

满件折：模块不可编辑，需提前完成营销工具的设置。

粉丝专项优惠券：需提前完成粉丝优惠券的设置，且该模块只针对粉丝专有。

粉丝专项折扣商品：需提前完成粉丝价商品的设置，且该模块只针对粉丝专有。

邀请活动：需提前设置老带新活动。

店铺签到有礼：需有店铺金币或优惠券，可在装修中直接操作。

（3）产品类

产品列表：选择自己想要推荐的商品。

排行榜：不支持自主编辑，展示店铺前三热卖商品。

猜你喜欢：不支持自主编辑，按客户特性系统自动推荐。

新品：不支持编辑，为新发布的商品推荐。

智能分组：不支持编辑。

4.查看和编辑模块

如需要编辑已选择的模块，则点击"使用中的模块"按钮进行查看及编辑，如图3-6所示。

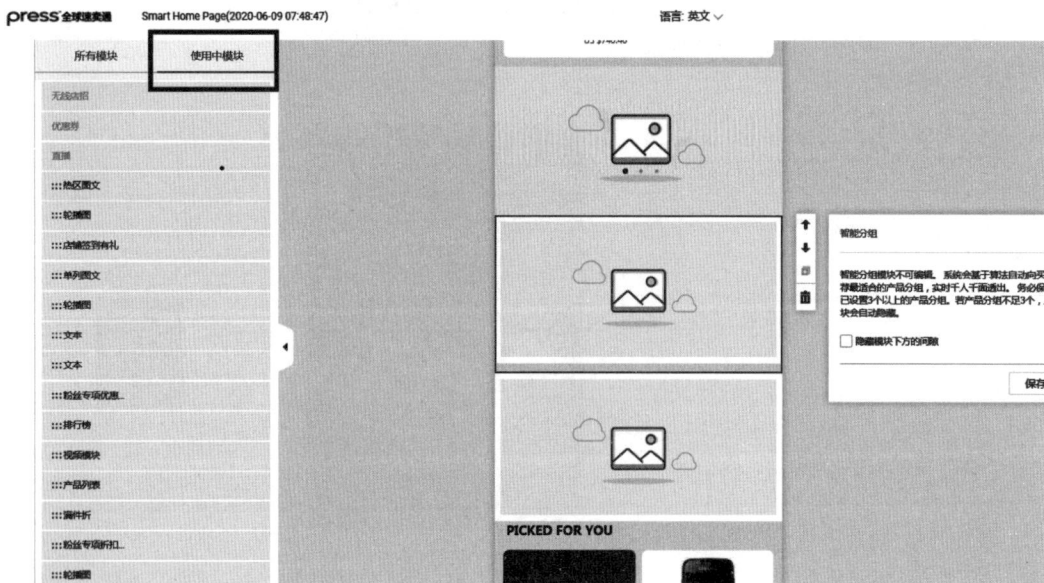

图3-6 查看和编辑"使用中的模块"

装修完成后，选择"立即发布"按钮，如图 3-7 所示。

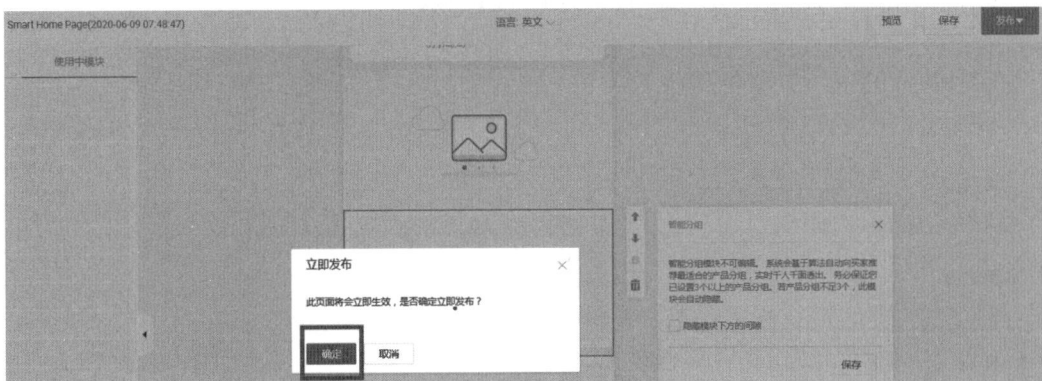

图 3-7 发布装修好的页面

5.使用模板装修

① 进入装修页面，点击左侧"模板"，如图 3-8 所示。

图 3-8 使用装修模板

② 建议使用官方模板，按类目选择所需模板，点击使用即可，如图 3-9 所示。

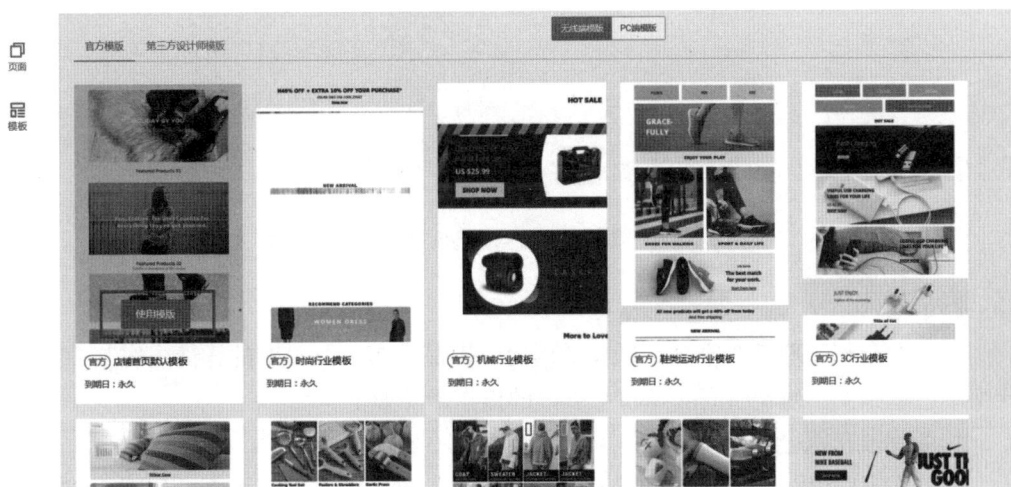

图 3-9 选择装修模板

③ 模板目前支持自定义页及首页使用，选择后，填写页面名称（名称只用于后台标识，不向买家展示），点击编辑即可，如图 3-10 所示。

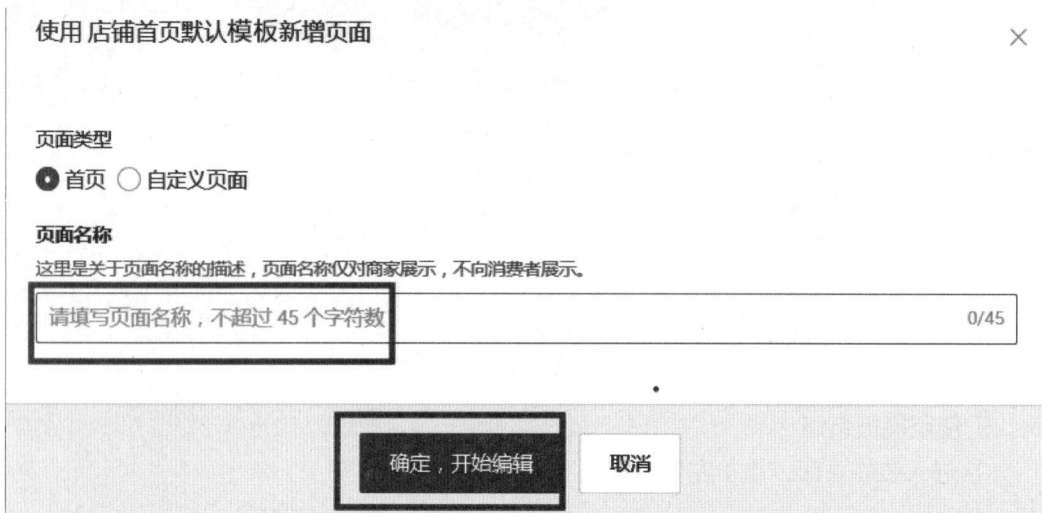

图 3-10　填写页面名称

④ 再次进入装修页面，在该模板下选择需要的模块来装修即可，如图 3-11 所示。

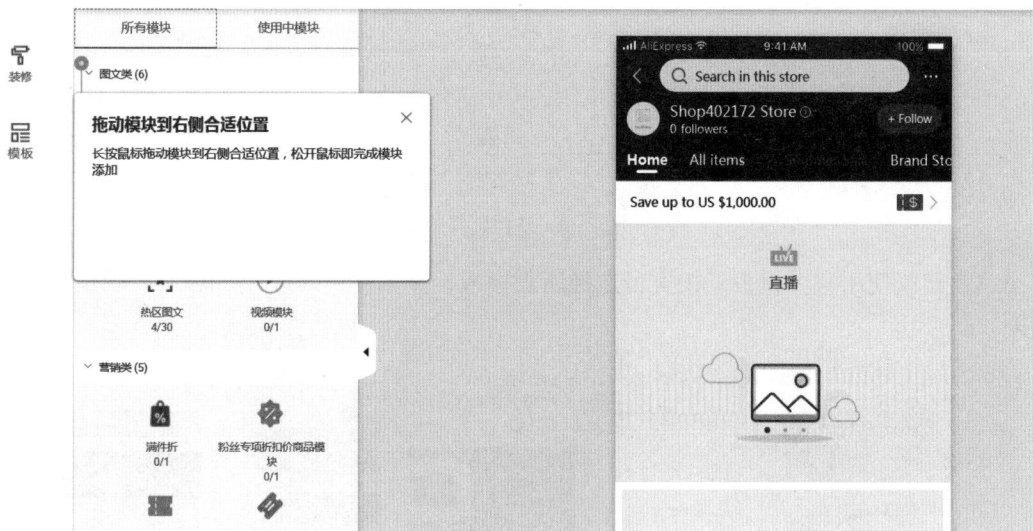

图 3-11　选择装修模块

三、商品发布

商品发布和管理是商家高频操作的内容，商品发布以及对应的详情内容与商品转化成交率息息相关，速卖通商品发布与管理的操作步骤如下。

1. 商品发布路径

从"卖家后台"—"产品管理"—"发布产品"进入商品发布页面，如图 3-12 所示。

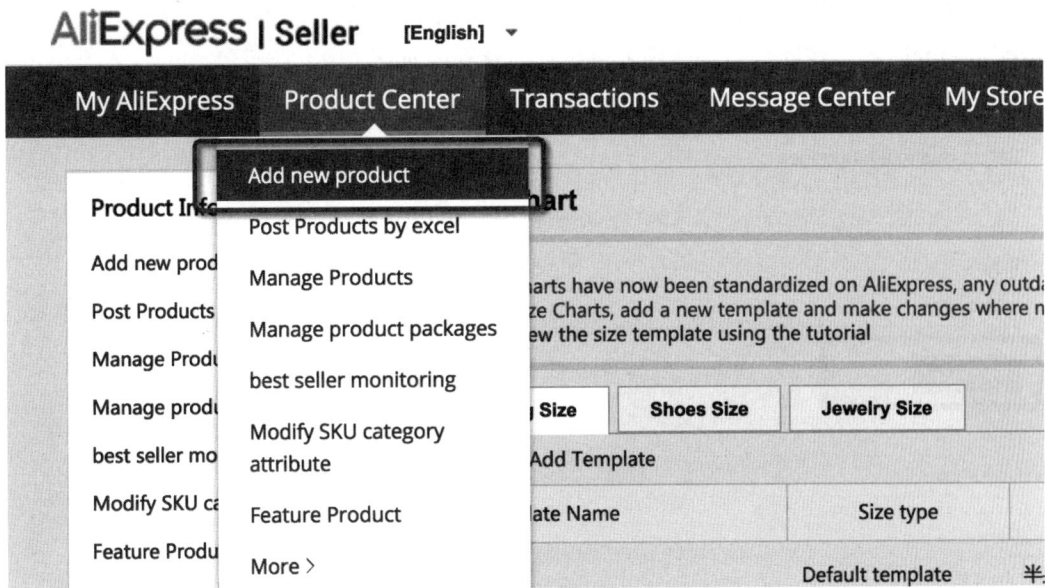

图 3-12 "发布产品"页面

2. 选择发布语系、填写商品标题以及对应类目(见图 3-13)

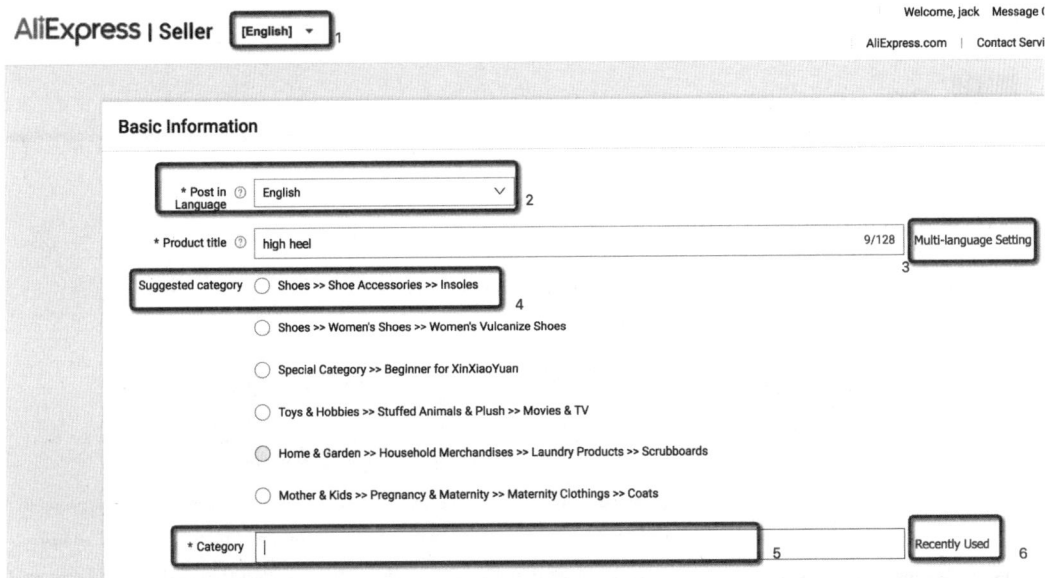

图 3-13 填写商品相关信息

①选择当前页面的操作提示语言,注意这里与商品发布语言无关,仅决定发布页面的展示语言。

②选择发布语系,这里是指商品发布到客户前台的语种,包括标题和商品详情,支持 17 种语言。

③类目选择,系统根据标题推荐可能的类目,可以进行手动选择,也可以选择最近使用的 10 个类目进行快速选择。

④选择商品标题多语言设置，系统提供自动翻译的功能，则商品在不同的国家自动适配不同的语言，在此可对翻译内容进行修改优化，如图 3-14 所示。

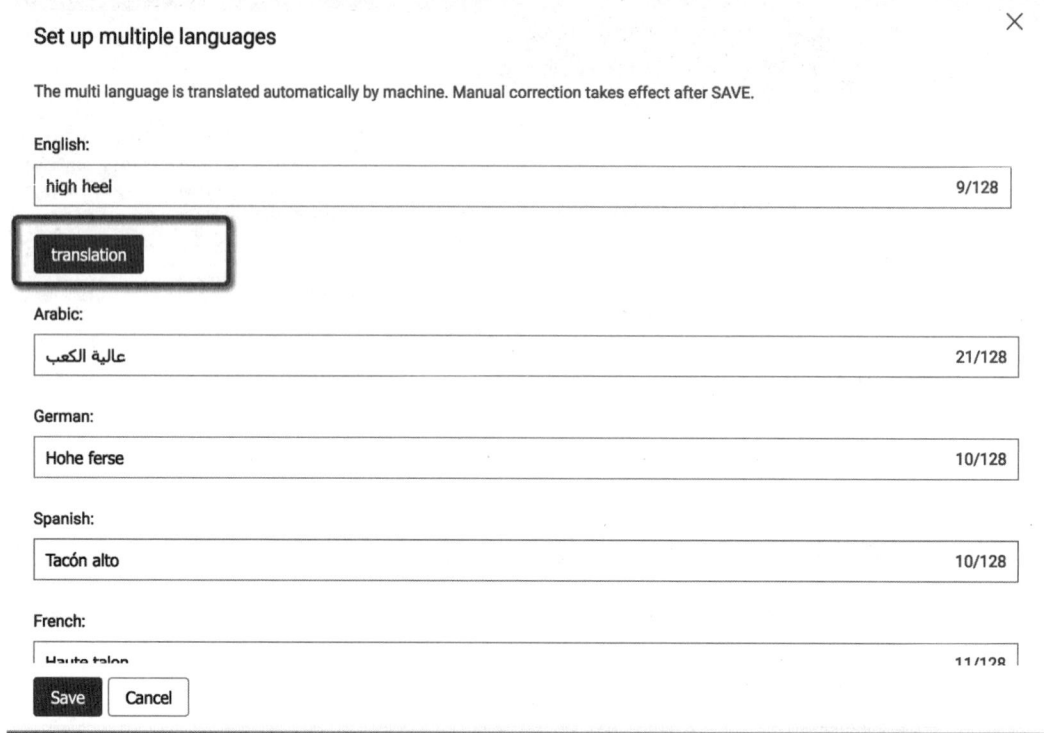

图 3-14　商品标题多语言设置

3. 商品基本信息填写（见图 3-15）

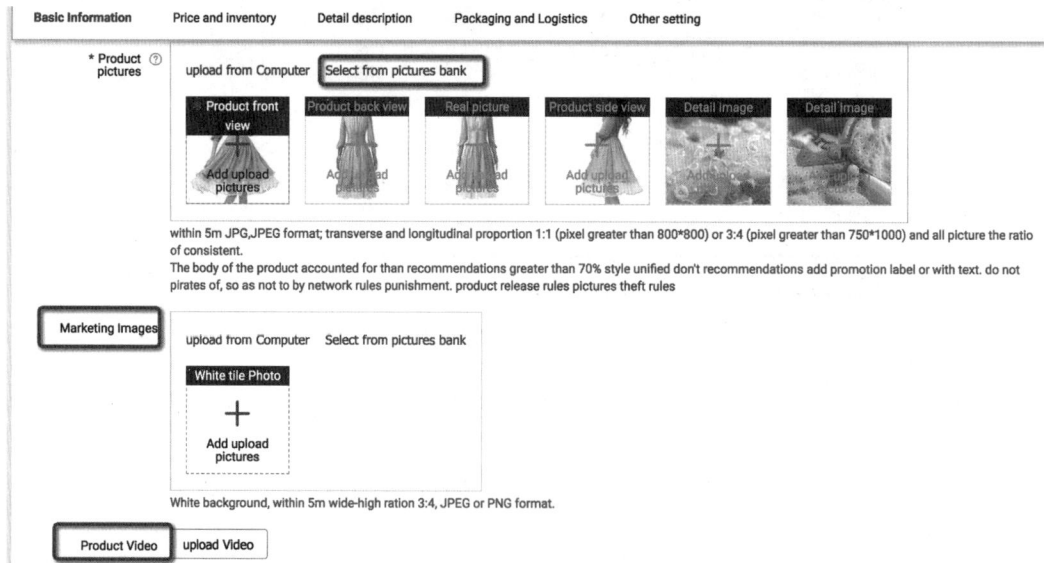

图 3-15　填写商品基本信息

需要填写产品基本信息内容，包含图片、主图视频、产品属性等，但需要注意如下事项。

①图片上传，可以从图片银行调取，也可以重新上传。新上传的图片存储在"all pictures"中，如图3-16所示。

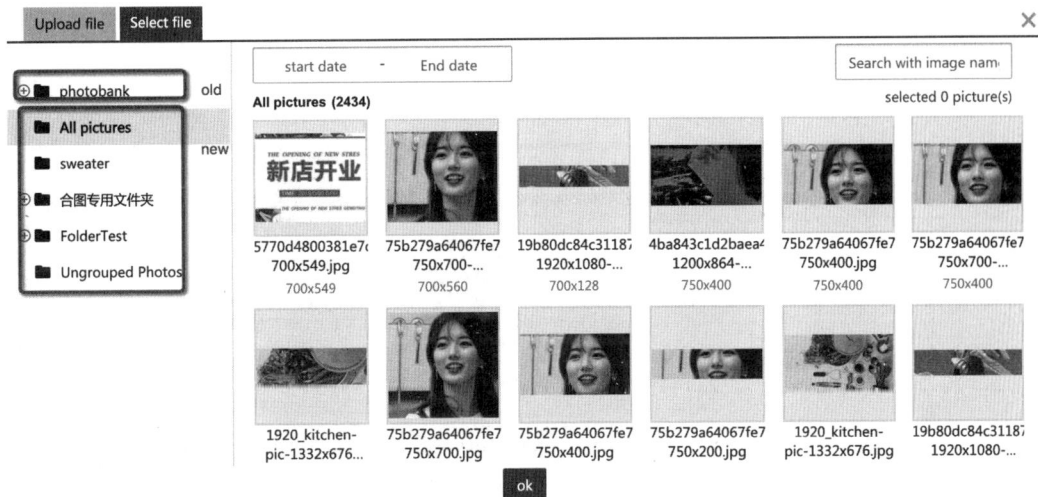

图 3-16　从图片银行调取图片

②"营销主图（仅服饰行业展现）"，非必填，应用于搜索或者推荐list中，在上传的情况下展示营销主图，在没有上传的情况下默认展示商品图的第一张主图。

③"主图视频"，非必填，如果上传则会展示在商品主图区，建议上传产品视频，可提高客户转化。

4. 编辑商品价格与库存（见图 3-17）

图 3-17　编辑商品价格和库存

①可以选择"支持日常促销价",则前台将会展示零售价(划线价)以及促销价(正常售价)。设置价格:多SKU商品在设置价格时,首先在标题栏填写价格、库存信息之后,点击"批量填充",则全部SKU价格被填充。也可以选择部分SKU,进行"批量填充",如图3-18所示。

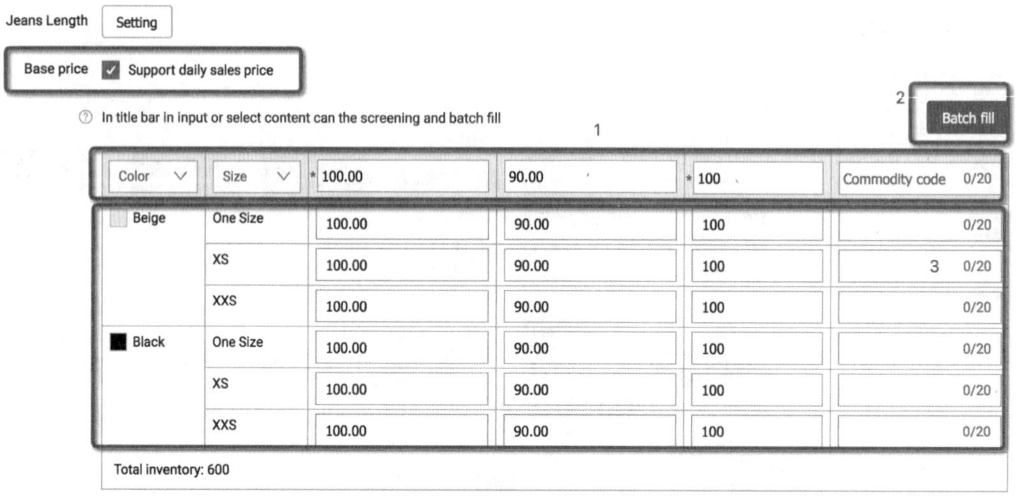

图 3-18 批量填充价格

②支持区域定价,选择额外定价的区域,选择"调价方式",进行多SKU价格设置,批量设置方法同上。

③选择尺码表,建议根据推荐尺码进行创建,如果当前模板无法满足,可创建新的尺码表。

④ 支持批发价的批量设置,如图3-19所示。

Wholesale price ☑ Support Batch [10] Reducing the retail price [5] %(9.50) discount

Color	Size	retail price(USD)	Bulk (piece)	Wholesale price(USD)
Beige	One Size	100	10	95.00
Beige	XS	100	10	95.00
Beige	XXS	100	10	95.00
Black	One Size	100	10	95.00
Black	XS	100	10	95.00
Black	XXS	100	10	95.00

图 3-19 支持批发价的批量设置

5. 详情描述

商品详情页的文案要有一定的逻辑，主要围绕商品的某些主题展开描述，对卖点进行细分，从不同的角度切入。

（1）详情页的内容和模块

详情页可以按照以下内容和模块来设计。

第一，推荐热销单品。有 3 ~ 6 个店铺的相关热销单品。

第二，收藏+关注。轻松赚取优惠券等。

第三，商品搭配。搭配相关产品，打包购买。

第四，焦点图。引起客户的阅读和浏览兴趣，可展现卖点、促销活动、产品的实力等，刺激消费，引导流量，提高转化率。

第五，商品特点介绍。包括商品的特点、特色、卖点、亮点。

第六，商品整体和细节介绍。包括商品的整体内容、细节内容、使用场景效果、产品的包装等。

第七，目标客户群。即卖给谁用。

第八，商品参数介绍。标明商品的规格和相关参数信息。

第九，商品的优势。突出本产品的优势，通过同类型商品对比，包括价格、材质和价值等，或通过客户评价或第三方评价，加强客户信任度。

第十，购买理由。拥有本商品后的效果、带来的好处或购买用途（自己使用、送父母、送恋人或送朋友）等，发出购买号召力。

第十一，商品使用介绍。产品的使用说明介绍。

第十二，品牌介绍。包括品牌故事、资质和生产实力，以增强信任。

第十三，购物须知。包括交易条款、常见问题、邮费、发货/退换货等售后问题。

商品详情页中，不一定要包含所有以上内容，我们应该根据商品的具体情况、商家的要求和目标客户情况具体分析和设计。

（2）详情页的优化

按照上述内容进行详情页的设计，详情页内容包含了商品方方面面的信息，但不是所有的详细信息都需要展示在详情页中。高质量的详情页内容需要有一定的逻辑和重点，可以使用FABE销售法则来对详情页内容进行优化，保证详情页中具备商品特征、商品优势、商品益处、商品可信度等内容。这样才能重点抓住客户痛点，吸引客户查看。

FABE销售法则包括F（feature，特征）、A（advantage，优势）、B（benefit，好处）和E（evidence，佐证）4 个要素，其中：

F代表商品的特征特点，是商品最基本的功能，主要从商品的属性、功能、大小等进行挖掘，如超薄、防水等。

A代表商品的优点及作用，从最根本的客户需求角度来考虑，思考这些目标群体关心什么、痛点是什么，然后针对这些问题总结出商品的特色和优点，比如夜景拍摄、防抖等。

B代表商品这些特点和优点能够给客户带来什么样的益处。应该以客户利益为中心，强调拥有此商品能带来什么样的益处，以刺激客户的购买欲望，如视听享受、送礼佳品等。

E代表商品品质的证明，比如技术报告、用户好评、专业认证等都是证明商品品质的方式，但要保证其佐证的客观性、真实性及权威性。

按照FABE销售法则的顺序来优化详情页，将商品的特征、优势、益处及佐证内容展示出来，才能使详情页内容对客户更具有吸引力。

（3）速卖通详情页装修

速卖通的详情页可通过模块化方式进行装修（支持批量上传图片，产品信息模块可正常添加），如图3-20所示。详情描述可采用2种模板进行装修。

第一，行业自定义，有行业模板的类目可以参考模板进行编辑，选择模板后打开编辑器。

第二，没有行业模板的类目或想自行装修可以打开空白模板，在新的模板上自行拖拽模块进行装修。

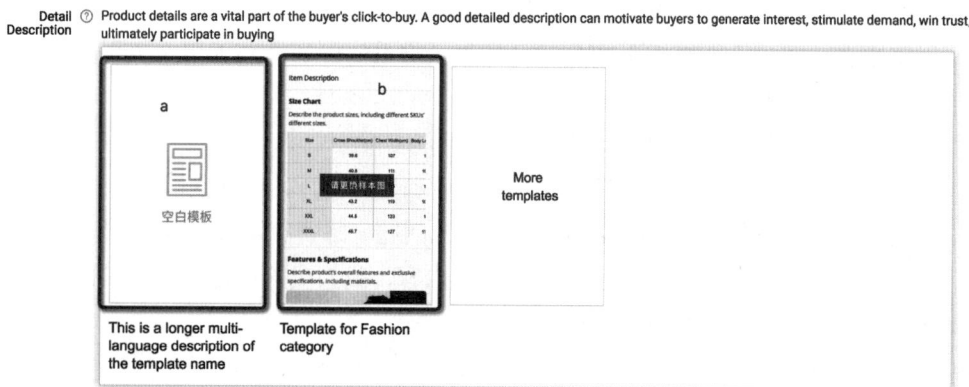

图3-20　详情页编辑

对于新发商品，在装修模板中，拖拽相应的模板，然后进行图文编辑。速卖通共提供4种装修模块：图文、图片、视频、文字，每个模块能够显示最大使用量和已使用数量。例如图文5/15，其中5代表已经使用量，15代表最大使用量。

对于旧商品的编辑，直接打开新版详描编辑器，线上数据会直接兼容成一个富文本模块，可在原版本基础上继续编辑。

在新的编辑器中可以筛选原有产品信息模块。具体操作如下：点击所有模块下拉菜单，选择"我的模块"，则进入原有产品信息模块。

推荐装修无线详情描述，可以同步至PC详情页描述，如图3-21所示。

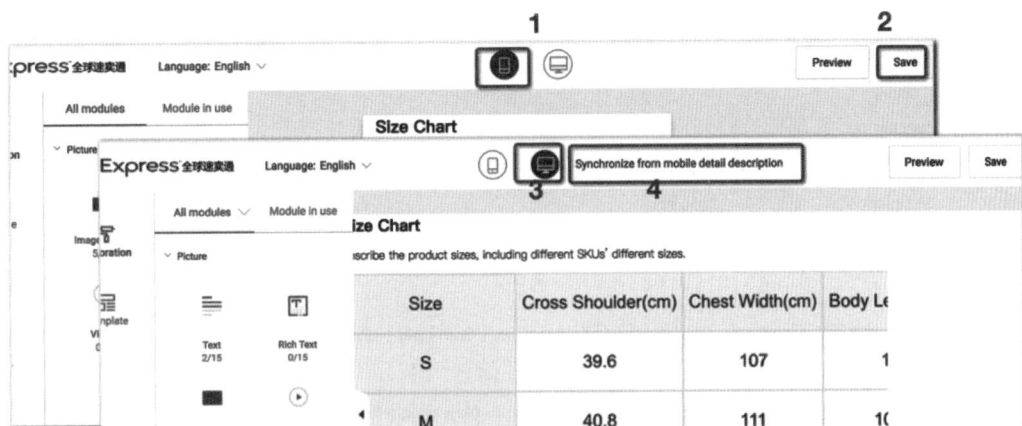

图 3-21　无线端详情页同步到 PC 端

支持在详细图片中插入另外的商品链接，进行关联营销，如图 3-22 所示。

图 3-22　详情页设置关联营销

6. 设置包装与物流信息

填写发货期、物流重量、物流尺寸、运费模板、服务模板等相关内容，如图 3-23 所示。

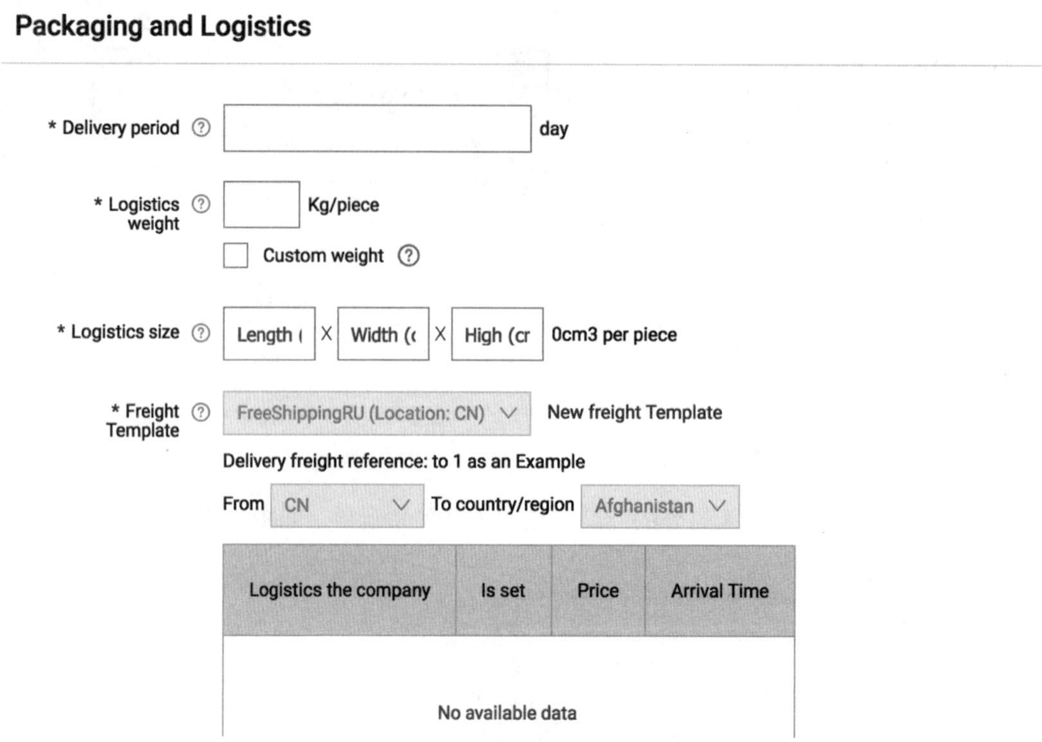

Packaging and Logistics

* Delivery period ⑦ [　　　　　　] day

* Logistics weight ⑦ [　] Kg/piece

☐ Custom weight ⑦

* Logistics size ⑦ [Length (] X [Width (] X [High (cr] 0cm3 per piece

* Freight Template ⑦ [FreeShippingRU (Location: CN) ∨] New freight Template

Delivery freight reference: to 1 as an Example

From [CN ∨] To country/region [Afghanistan ∨]

Logistics the company	Is set	Price	Arrival Time

No available data

图 3-23　设置包装与物流信息

7. 其他设置

完成其他设置，点击"提交"完成商家发布。需要注意的是，商品发布完成后不会立即在前台展示，有 1 ～ 3 个工作日的审核时间，审核后商品才会自动在前台展示，如图 3-24 所示。

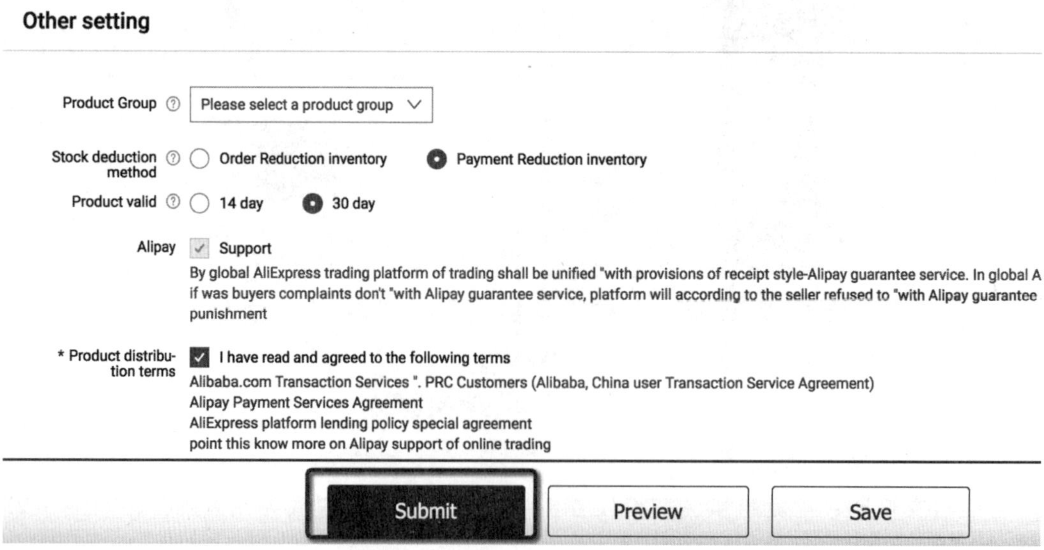

Other setting

Product Group ⑦ [Please select a product group ∨]

Stock deduction method ⑦ ○ Order Reduction inventory　● Payment Reduction inventory

Product valid ⑦ ○ 14 day　● 30 day

Alipay ☑ Support

By global AliExpress trading platform of trading shall be unified "with provisions of receipt style-Alipay guarantee service. In global A if was buyers complaints don't "with Alipay guarantee service, platform will according to the seller refused to "with Alipay guarantee punishment

* Product distribution terms ☑ I have read and agreed to the following terms

Alibaba.com Transaction Services ". PRC Customers (Alibaba, China user Transaction Service Agreement)
Alipay Payment Services Agreement
AliExpress platform lending policy special agreement
point this know more on Alipay support of online trading

[Submit]　[Preview]　[Save]

图 3-24　商品发布页其他信息的设置

🖱 任务三　网店管理

一、交易管理

1.所有订单

登录速卖通卖家后台，点击"订单"—"所有订单"，可以看到订单看板、订单列表、订单详情和订单导出4个部分。"所有订单"中的订单看板展示了今日新订单、等待买家付款、等待您发货、纠纷中的订单和等待您评价共5个部分的数据，如图3-25所示。

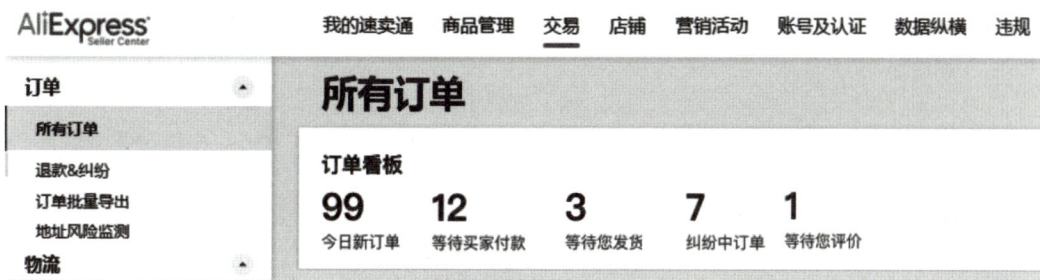

图3-25　订单看板上的数据信息

2.订单列表

订单列表的搜索栏进行了视觉交互优化，含订单状态下拉筛选，以及订单号、商品名称等下拉选项，订单信息更加可视化，一目了然，如图3-26所示。

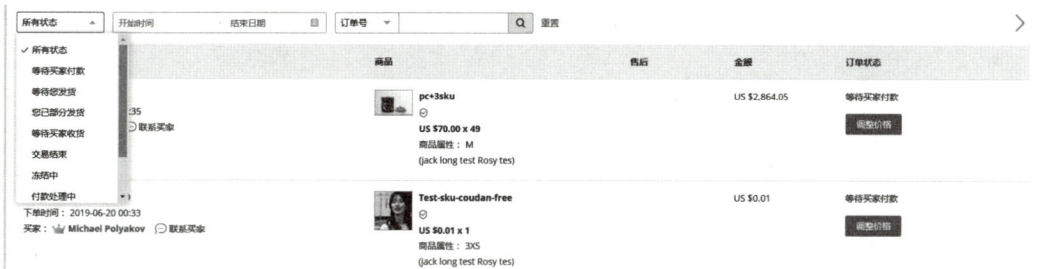

图3-26　订单列表

订单详情内容的结构优化：资金详情模块预计可得金额，在买家付款前不显示，付款后正常展示；交易手续费，细分展现交易佣金、联盟佣金，如图3-27所示。

图3-27　订单资金详情

二、物流管理

交易订单列表页，筛选"发货未完成"的订单，点击"去发货"；或者在交易订单详情页，点击"线上发货"，然后进入选择物流方案页面，创建物流订单，可选择批量发货。物流方案页面，默认隐藏不可用物流方案，展开可以查看不可用物流方案和不可用原因。物流批量发货可以根据"线上发货状态""卖家选择的物流方式""订单时间段"等筛选条件，导出需要发货的订单信息（或者点击"下载E邮宝模板"或"下载国际小包模板"，导出空白Excel表格），如图3-28所示。接着选择"线上发货的物流方式"进入第二步，导入填好的Excel表格，然后点击"提交"，成功后便会显示批量线上发货"发货单提交成功"。

图 3-28　批量线上发货

三、客户管理

速卖通的客户管理操作与国内淘宝平台大同小异，下面将重点介绍客服中的子账号设置步骤。子账号管理模块中以"岗位"替代了原子账号的"角色"功能。商家可在后台自定义岗位，并将子账号与岗位进行绑定。

1. 创建岗位

点击子账号管理页面右上方"新建岗位"按钮，进入岗位创建页面，如图3-29所示。

图 3-29　子账号管理页面

填写岗位名称、岗位描述并勾选相应页面的访问权限，如图3-30所示，如需创建多个岗位，则重复以上操作。

图 3-30 新建岗位

2. 新建子账号

完成岗位创建后，可新建子账号，输入相应信息，并选择先前已创建的岗位，如图3-31所示。如需创建多个子账号，则重复以上操作。用户可以针对已创建岗位进行修改与删除。点击子账号管理或岗位管理，可以对已创建的子账号或岗位，进行编辑、状态变更和删除操作。

图 3-31 新建子账号

任务四 网店推广

对于商家来说，网店营销非常重要。网店能不能有更多的流量进入，能不能更好地提高转化率、增加客单价，很大程度上都依赖网店的营销推广和宣传能力。

一、店铺推广与引流

速卖通的营销活动和工具有很多种，活动类型具体包括：购物券、平台活动、大促活动、店铺活动等。其中，店铺活动包含：满件折/满立减、满包邮、店铺优惠码、互动游戏、店铺拼团、搭配套餐、店铺优惠券、单品折扣等。营销工具包括：达人任务平台、签到有礼、粉丝营销、直通车、直通车—灵犀推荐、联盟、联盟—U选、直播业务、人拉人活动、（分销商）营销、金币抵扣等。活动类型和工具很多，网店商家可以根据自己的需要进行选择。下面主要介绍几种营销方法和工具的运用。

1.购物券活动

参与平台活动，会要求先设置符合条件的购物券活动（具体参照每个平台活动的要求），系统会根据是否已设置符合要求的购物券活动给予活动报名入口。

（1）设置购物券活动的规则

①购物券由平台发放给买家，买家领到后满足门槛即可，单店铺或跨店铺满足均可使用，每满 X 元减 Y 元，且上不封顶。例如：15减2的门槛，则30减4，45减6，以此类推。

②买家成功在店铺内使用且支付成功后，商家才需要出资，在发放阶段无任何资金的提前占用。

③购物券的门槛可以自己选择，但每个店铺只能选择一档门槛，从而有效地提升客单量。

④购物券可与其他店铺级别或者平台级别优惠权益（单品优惠、优惠券、满立减）叠加使用，下单时优惠的计算顺序为单品折扣—店铺满减（满件折/满立减）—店铺优惠券—购物券—平台coupon（优惠券）—平台满减。

（2）设置购物券活动的步骤

①登录"我的速卖通"，点击"营销活动"—"店铺活动"，选择"购物券"后进入列表页面，如图3-32所示。选择对应购物券活动后，点击"报名活动"后进入设置页面。

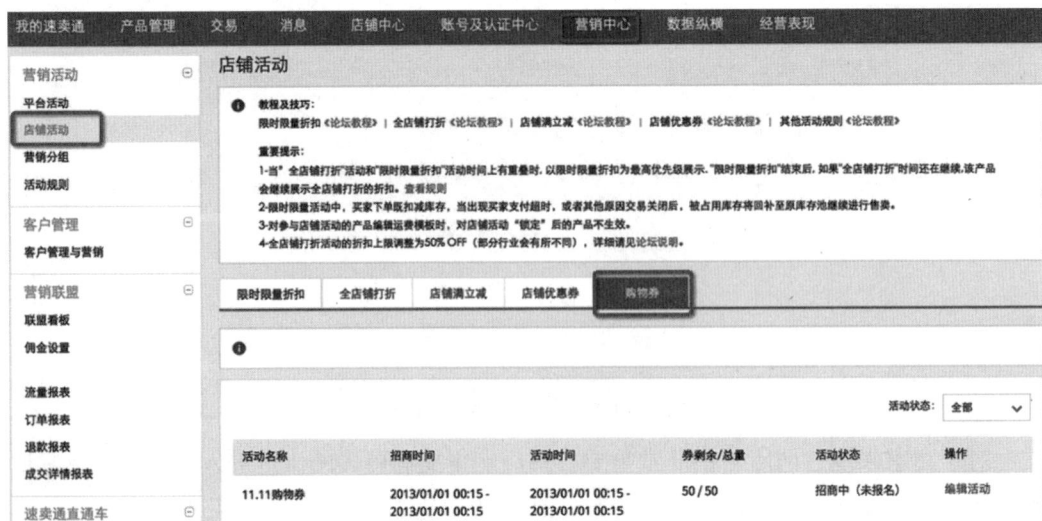

图3-32 购物券活动后台设置入口

②填写优惠总金额，请以后台招商入口实际要求为准，选择优惠面额门槛（不同行业要求门槛不一致，请以后台入口实际展示为准）；面额门槛只可选择一档，如图 3-33 所示。

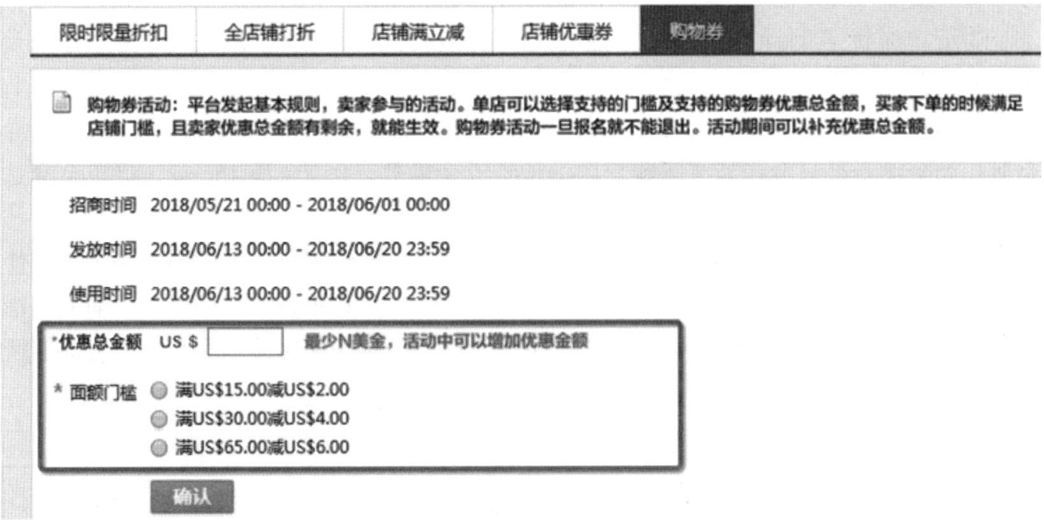

图 3-33 购物券后台设置窗口

③点击"确认"即报名成功，优惠券活动一旦报名就不可关闭，即使平台活动未审核通过，购物券活动仍有效。

在购物券活动招商结束前，只可修改优惠总金额和门槛，且优惠总金额不得少于最低门槛（如报名平台最终全部商品审核不通过，则可将金额修改成最低 1000 美元）。

④优惠券活动招商结束后，只能增加优惠金额，其余均不可修改，如图 3-34 所示。

图 3-34 购物券"补充金额"窗口

（3）买家下单使用购物券

①买家下单使用购物券必须同时满足3个条件：在支持购物券使用的店铺使用、店铺还有剩余购物券优惠金额、买家购买的金额必须符合商家设置的门槛。

②购物券可与其他店铺级别和平台级别优惠叠加使用。

③下单时优惠的计算顺序为单品折扣—店铺满减—店铺优惠券—购物券—平台coupon—平台满减。

④购物券优惠每满X美元减Y美元，上不封顶，前提是买家账户内有足够的购物券余额，如余额不足只会扣减买家账户内的购物券余额数。例如：满15－2，订单金额达到30减4，达到45减6，达到60减8，上不封顶。

⑤单张券可以用于跨店订单，可拆分到多店使用，即买家可以跨店凑单满足门槛使用购物券，但这些店铺支持的门槛必须相同，拆分时按照订单金额比例拆分，前面店铺按照四舍五入单个扣减，最后一个商家扣减的购物券金额为使用购物券金额减去前面所有购物券扣减总和，举个例子如表3-3所示。

表3-3 购物券扣减规则示例

买家拿到的券总额	使用券的卖家支持门槛	购买金额	扣减金额
领取到了20美元购物券	A店铺15-2，B店铺15-2	A店铺10美元，B店铺5美元	两家店铺门槛相同，门槛15-2，买家购买了15美元，满足了15-2扣减2美元。其中A店铺1.33美元，B店铺0.67美元
	A店铺15-2，B店铺15-2	A店铺20美元，B店铺10美元	跨店满15-2，买家购买了30美元，按照门槛15-2买家满足了每满15-2即30-4，则扣减2的两倍买家扣减4美元。其中A店铺2.66美元，B店铺1.34美元
	A店铺15-2，B店铺150-8	A店铺20美元，B店铺10美元	买家只满足了A店铺的门槛15美元，所以在A店铺的买家可扣减2美元，B店铺不满足门槛不可扣减。其中A店2美元，B店0美元

（4）购物券下单后规则

①买家下单时，购物券部分金额直接在订单金额中扣减。

②购物券的抵扣金额不放款给卖家，该部分金额也不扣佣金。

③使用购物券的订单可以正常纠纷退款，但买家可提纠纷退款的金额仅为支付金额（不含购物券金额）。

④只有当使用购物券的订单全额退款，且购物券仍在使用有效期内，购物券才会退还到买家购物券余额内，否则不进行退还。

2.店铺营销活动——单品折扣

单品折扣活动即单品打折优惠，是原全店铺打折+店铺限时限量工具的结合升级工具，用于店铺自主营销。单品的打折信息将在搜索、详情和购物车等买家路径中展示，提高买家购买转化率，快速出单。

（1）单品折扣的规则

①取消每月限制的活动时长和活动次数，单场活动最长支持设置 180 天。

②允许活动进行中暂停活动（适用于活动设置错误快速止损）。

③活动进行中允许操作新增/退出商品（无须暂停活动即可操作），以及编辑折扣，且实时生效。

④取消锁定商品编辑以及运费模板，编辑后可实时同步到买家前台（仅针对用单品折扣活动的商品生效）。

⑤单场活动支持最多设置 10 万个商品。

⑥取消活动复制功能，可通过 Excel 表格批量上传。

⑦支持单个商品设置粉丝/新人专享价。

值得注意的是，以上场景均适用于日常活动，大促场景下的单品折扣活动不允许暂停活动，预热开始后不允许新增/退出商品，不允许编辑商品（同平台活动锁定逻辑一致）。单品折扣活动的设置入口：登录商家后台，点击"营销活动"—"店铺活动"—"单品折扣活动"，如图 3-35 所示。

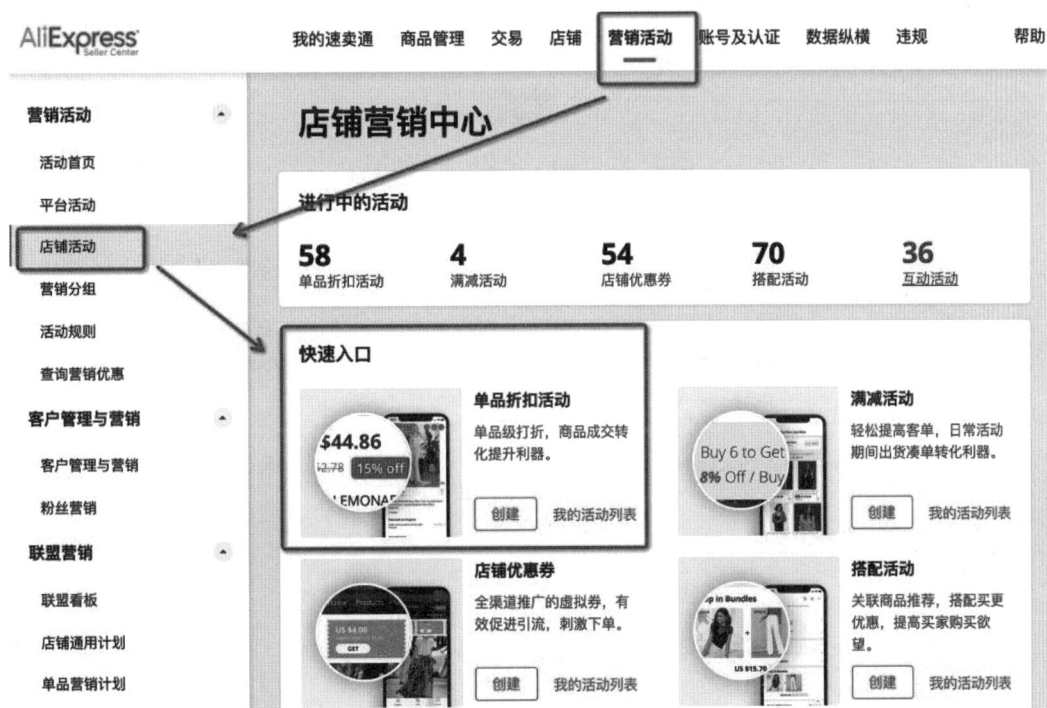

图 3-35　单品折扣活动设置入口

（2）创建店铺单品折扣活动

①活动基本信息设置。

可点击"创建活动"进入活动基本信息设置页面。填写"活动名称"，活动名称最长不超过 32 个字符，只供查看，不展示在客户端。填写"活动起止时间"，活动起止时间为美国太平洋时间；最长支持设置 180 天的活动，且单品折扣活动的新规则中取消每月活动时长、次数的限制。活动设置的时间开始后，活动即时生效（请注意，如在设置过程中到活动展示时间，则活动即开始）。最后，点击"提交"后进入设置优惠信息页面，如图 3-36 所示。

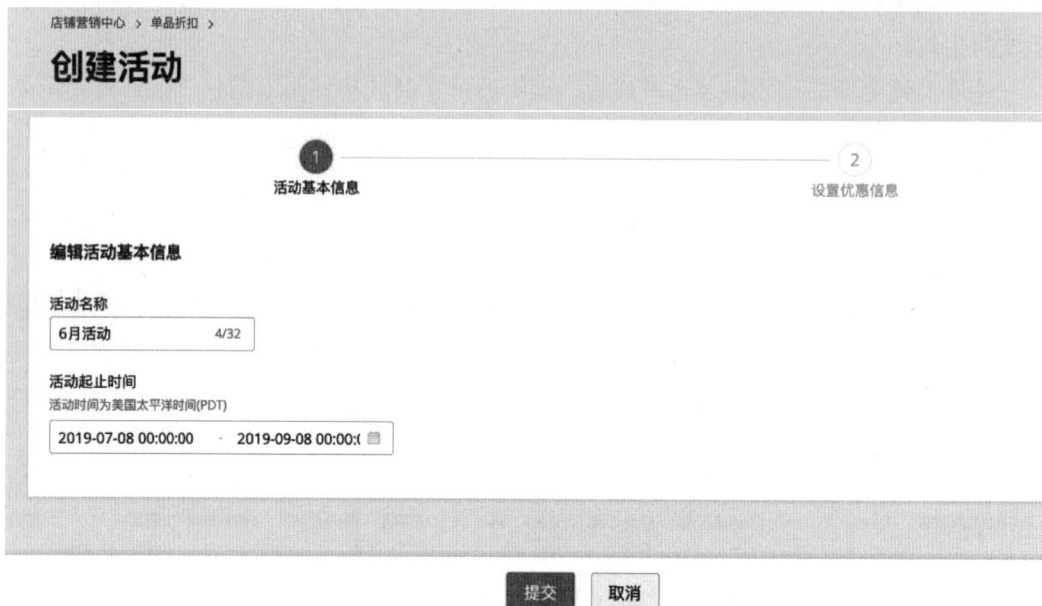

图 3-36　创建"单品折扣活动"

②活动优惠信息设置。

筛选全部已选商品和未设置优惠商品，支持商品 ID 搜索，如图 3-37 所示。

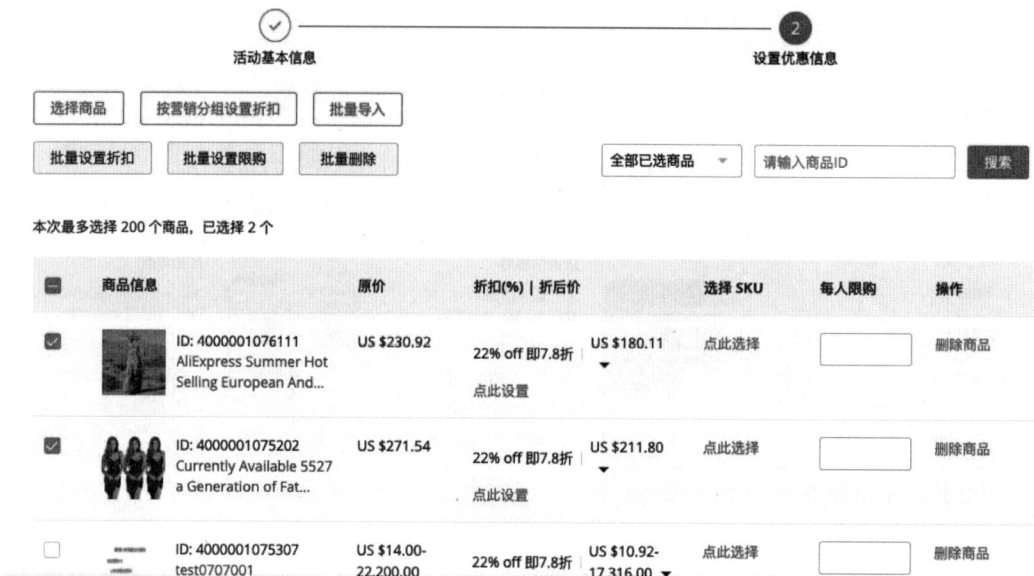

图 3-37　筛选商品设置活动优惠

单品折扣活动支持单个商品根据营销分组、表格导入等形式设置，同时也支持批量设置折扣、批量设置限购、批量删除（默认所有SKU都参加活动），如图3-38所示。

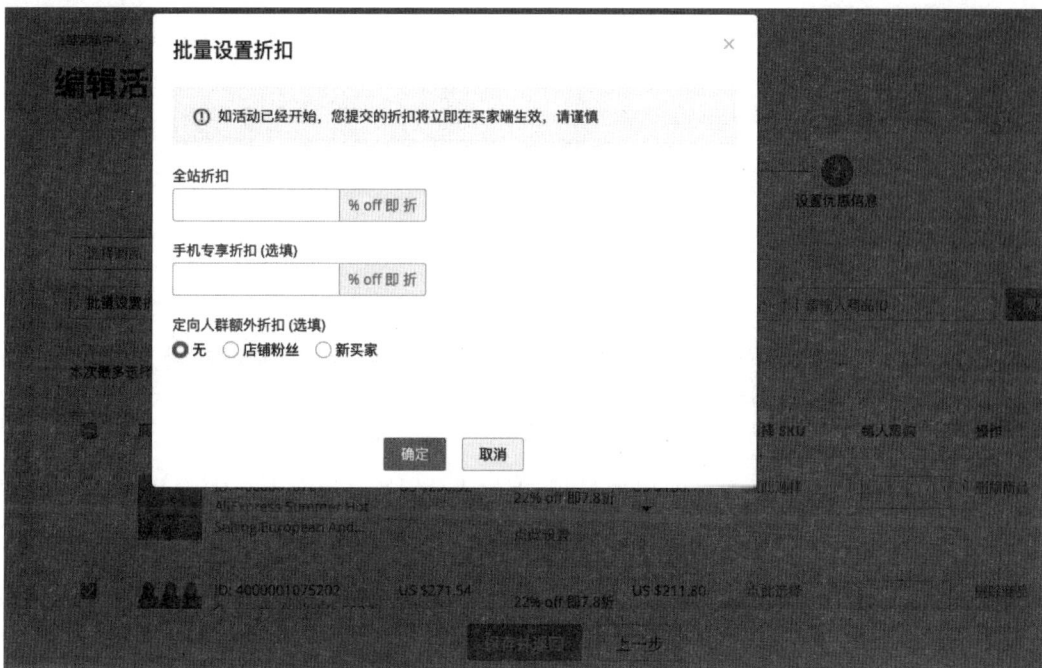

图3-38　批量设置折扣

单品折扣活动支持按照营销分组设置折扣，分组内的商品会被导入至活动内。值得注意的是，目前设置App折扣不具备引流功能，因此营销分组在设置折扣处取消了设置App折扣的功能。如需设置App折扣，可回到单品选择页面设置。如果只设置全站折扣，即PC和App均展示同一个折扣，如图3-39所示。

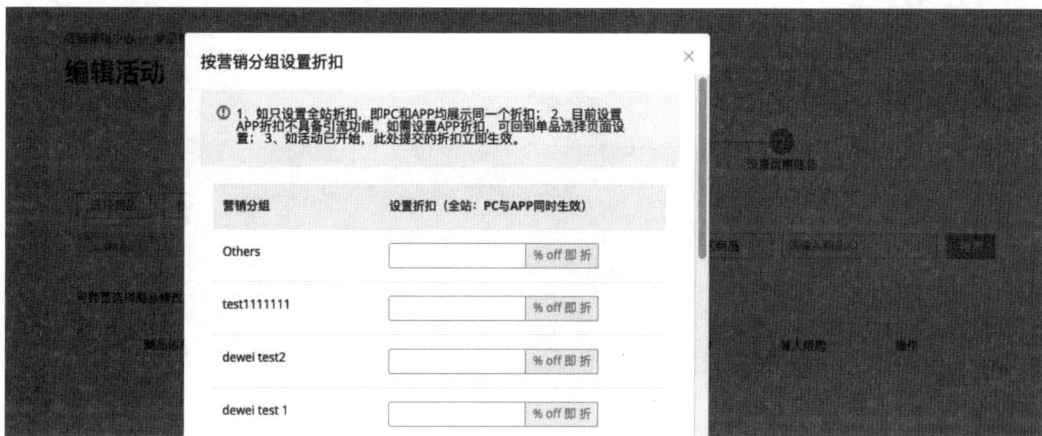

图3-39　按营销分组设置折扣

单品折扣也支持通过表格形式批量导入。下载模板后，填写完毕商品信息后点击"上传文件"按钮，如图3-40所示。

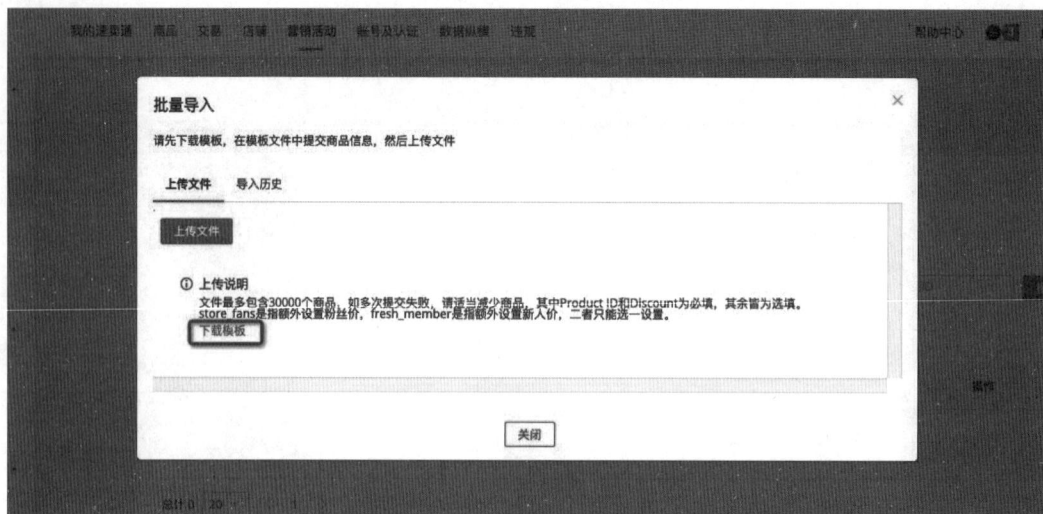

图 3-40　通过表格批量导入商品

③单品折扣支持单个商品设置粉丝/新人专享价。不支持部分SKU参加活动，不想参加的SKU，请修改商品普通库存数为0，如图3-41所示。

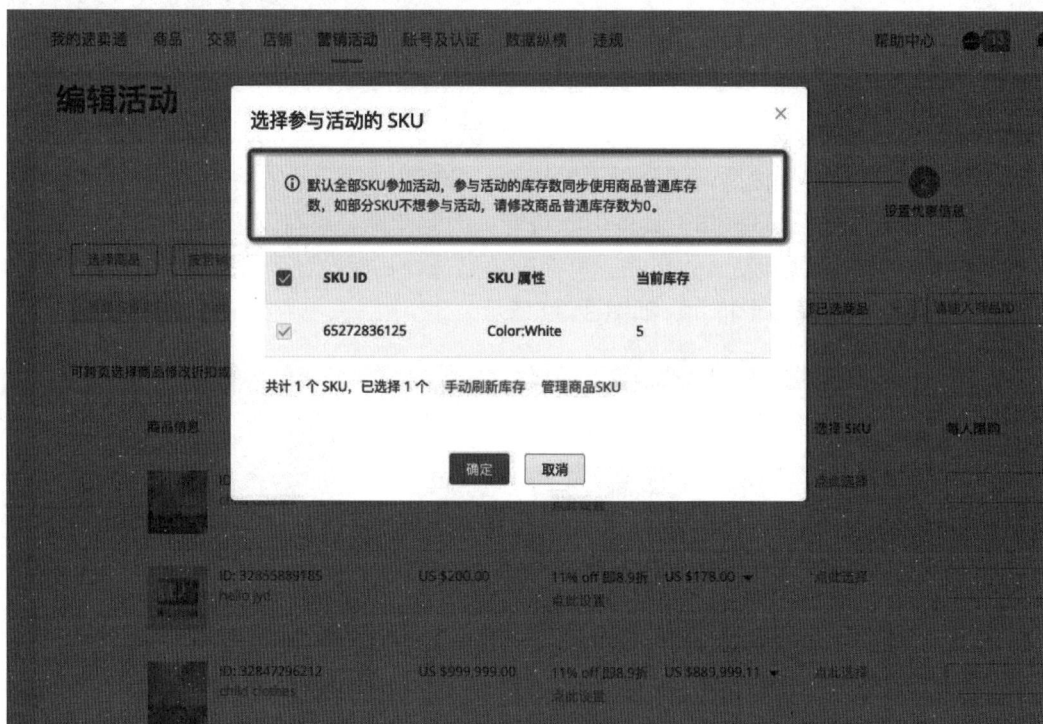

图 3-41　选择参与活动的 SKU

点击"保存并返回"即创建完成活动，等活动开始后即时生效。

同一个商品只能参与同个时间段内一场单品折扣活动；可同时参加同个时间段的平台活动，平台活动等级优先于单品折扣，因此会生效平台活动折扣。

（3）单品折扣活动状态

单品折扣活动状态分为：未开始、生效中、已暂停、已结束。如图 3-42 所示，未开始状态会展示倒计时，可编辑（进入活动基本信息页）、管理商品（进入优惠信息编辑）、暂停活动；生效中状态可查看活动详情、管理商品、暂停活动，暂停活动适用于快速止损整个活动，如对单个活动可直接修改；已暂停状态可重新生效活动、查看活动详情；已结束状态可查看活动详情。

6月活动	2019-07-08 00:00:00 2019-09-08 00:00:00	未开始 距离开始：[14]：[16]：[11]	管理商品｜编辑｜暂停活动
他	2019-07-25 00:00:00 2019-07-26 00:00:00	未开始 距离开始：[17]天	管理商品｜编辑｜暂停活动
Test_4_store_conf	2019-07-18 06:00:00 2019-07-25 00:00:00	未开始 距离开始：[10]天	管理商品｜编辑｜暂停活动
test-批量设置	2019-08-01 00:00:00 2019-08-02 00:00:00	未开始 距离开始：[24]天	管理商品｜编辑｜暂停活动
Test_store_normal_707	2019-08-01 00:00:00 2019-08-02 00:00:00	未开始 距离开始：[24]天	管理商品｜编辑｜暂停活动
Test_next_707_01	2019-07-07 00:00:00 2019-07-09 00:00:00	生效中	管理商品｜查看活动详情｜ 暂停活动
23	2019-07-24 00:00:00 2019-07-25 00:00:00	未开始 距离开始：[16]天	管理商品｜编辑｜暂停活动
Test_online_707_qw	2019-12-26 00:00:00 2019-12-26 19:00:00	已暂停	重新生效活动｜查看活动详情

图 3-42　单品折扣活动状态

3.直通车推广

直通车是一种广告营销工具，用于吸引流量。在使用直通车之前，需要对速卖通直通车的基础概况有深入的了解，才能使用直通车获取流量，提高转化率。除了速卖通直通车，还有淘宝直通车、外贸直通车等。

速卖通直通车，又称竞价排名、P4P（pay for performance），是速卖通平台的全球在线推广服务，可以让产品在多个关键词的黄金位置免费优先排名展示。只有当客户对该产品产生兴趣并点击进一步了解详情时，系统才会对这次点击进行扣费。如果客户仅仅是浏览，并没有点击产品进行查看则不扣费。该策略旨在帮助商家迅速、精准地定位海外客户，扩大产品营销渠道。

直通车具有三大优势：第一，按点击付费。商家按点击付费，并且这种点击数是精确计算的。平台只计算海外客户的点击数，中国客户的点击是不需要付费的。而且，海外客户的点击数中，平台会自动剔除重复点击的部分。第二，灵活可控。商家在直通车上的推广计划分为重点推广计划和快捷推广计划两大类，无论是关键词推广还是商品推广，都可以自主选择。重点推广计划具有独有的创意推广等功能，可协助商家打造爆款。快捷推广计划具有批量选词、批量出价等功能，可帮助商家快速完成计划建立，获取更多流量。第三，海量选词。直通车关键词可以用任意关键词搜索出更多的相关关键词，也可以针对现有推广计划或任意行业搜索推荐关键词，平台本身也会自动推荐一些近期相关客户的搜索词。商家选定关键词后，其可以对所选关键词批量出价。

速卖通直通车包含3个规则：前台展示规则、排序规则及扣费规则。

第一，前台展示规则。直通车主搜位的展示结果为：电脑PC端上主搜页的第5/10/15/20/25/30/35/40/45/50/55/60位；搜索页底部智能推荐位。移动端上主搜每20个一页，直通车推广位第一页为第3、11、19位，第二页及以后为第6和16位，如图3-43所示。这些位置都是黄金位置，对客户吸引力强，有助于提高商品的点击率和转化率。

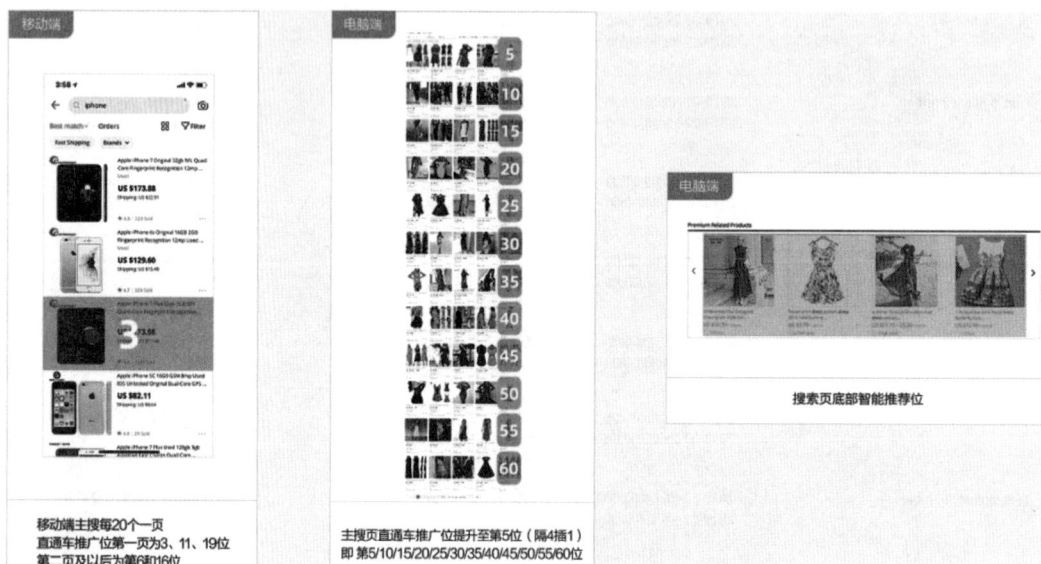

图3-43 直通车展示位

第二，排序规则。直通车的排名主要受两大因素的影响，分别是推广评分和出价。其中推广评分在整体排名中起着很关键的作用，它主要通过4个因素来考量，分别是商品信息质量、商品与关键词的相关性、客户认可度及账户质量。在进行排名时，排名位置是实时都有可能变化的，因为系统会根据推广评分和出价进行调整。

第三，扣费规则。当客户搜索了一个关键词，而商家设置的推广商品符合展示条件时，就会在相应的速卖通直通车展示位置上出现。当客户点击了商家推广的商品时，才会进行扣费。点击花费会受推广评分和关键词设定出价的影响，且不会超过商家为关键词所设定的出价。商家的推广商品与相关关键词的推广评分越高，商家所需要付出的每次点击花费就越低。最终直通车的扣费往往会小于或等于商家的出价。

（1）直通车后台操作

新建直通车推广计划首先要选择需要推广的商品。其次，选择与商品相匹配的优质关键词，可以使用系统推荐词，或者使用手动添加词及批量添加关键词。最后，为选择的关键词设定每次点击的最高扣费上限价格。出价完毕后，点击页面右下角的"完成"按钮，即成功新建推广计划。

值得注意的是，第一次新建推广计划，商家将会在选择商品之前看到设置每日消耗上限的页面。这个页面主要是让商家了解每日消耗上限的概念。设定合适的预算，让商家能够自主控制每天的推广花费数额，如图3-44所示。如果商家不做任何修改，系统将使用默认值50元/天。

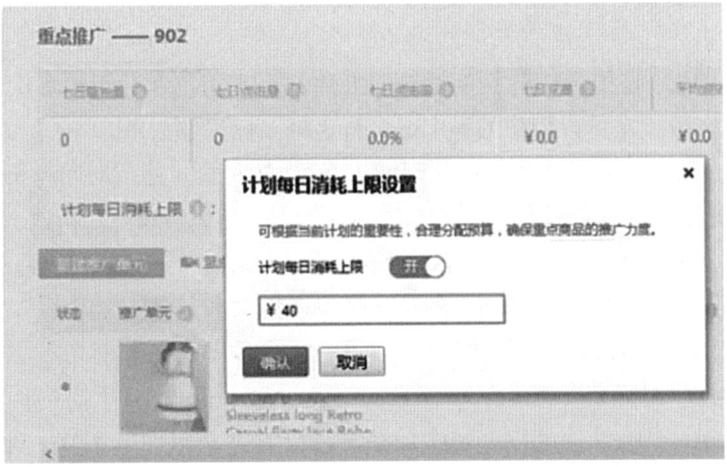

图3-44 直通车每日消耗上限设置

（2）直通车优化

直通车的优化关键有两点：曝光和转化。其中，曝光决定商家的产品能不能被客户看到；转化决定客户看到商家的产品会不会点击，进而会不会下订单。因此，直通车的推广计划能不能实施到位主要就看曝光和转化了。

①曝光。速卖通直通车的曝光通过关键词的设置和有效排名来实现。客户通过首页的搜索框，输入关键词来找到商家的商品。因此，关键词的设置直接影响商品的曝光率，从而影响商品的销售。商家在设置关键词时，要根据客户的习惯设置核心关键词，可以考虑使用一些关键词推优工具，并进行适量出价。

②转化。影响曝光转化成点击量的，以及点击量转化成曝光的，有以下影响因素：主体大小、背景颜色、标题设置、价格设置和旺旺在线。主图的大小一般占图片的80%左右，从点击量分析数据来看，白色背景的产品图片点击率更高。标题设置显示32个字符，重点关键词要前置。在价格设置上，可以通过前台搜索，对比同行之间的价格，进行相应调整，避免因价格原因流失点击量。旺旺在线可以提高洽谈概率。

任务五 运营评估

数据分析工作对网店的策略制定和运营活动具有重要的指导意义。网店商家不能凭着感觉进行运营与管理，必须借助数据分析统计工具进行数据的采集、整理与分析、总结，以便进行运营调整。

一、网店数据分析的衡量指标

网店数据分析的衡量指标主要有以下几种。

1.流量类指标

流量类指标主要用于描述网店（网站）访问者的数量和质量，是电子商务数据分析的基础。

浏览量（PV）：在统计周期内，访客浏览网店（网站）各页面的次数。同一个访客多次打开同一个页面，该页面的浏览量就会累加。浏览量越大，代表网店/网站页面被浏览的次数越多。

访客数（UV）：是指全店各页面的访问人数，一个用户在一天内多次访问一个网店被记为一个访客数，它是以用户的淘宝账号作为唯一标识并去重。

停留时间：访客在同一次访问内访问网店/网站的时长。停留时间越长，则说明网店（网站）对该访客的吸引力越大。

访问深度：访客在同一次访问内访问该网店（网站）的页数。访客访问页数越多，则说明访问深度越深，网店（网站）的页面吸引力越大。

回访客占比：之前有过网店（网站）访问记录的客户数÷所有访客总数，回访客越多，则说明老客户营销做得越好。

人均浏览量：在统计周期内，每个访客平均查看网站页面的次数，即人均浏览量=统计时间内的浏览量÷访客数。

到达页浏览量：通过某来源入口给网店（网站）页面带来的浏览量。广告位点击量和到达页浏览量会存在差距，若页面还没有完全打开就被关闭，则到达页浏览量不会被记录。到达页浏览量越大，则表示被访问的次数越多。

2.转化类指标

转化类指标主要是指访客和网店（网站）的交互状况，用于帮助网店（网站）判断是否达到了网店（网站）建设的预期目标。转化是一个泛化的概念，访客在访问网店（网站）的过程中，所有有价值的行为均可记为转化。

跳失率：是指访客通过相应入口进入，只浏览一个页面就离开的访问次数占该入口总访问次数的比例，即跳失率=只浏览一个页面就离开的访问次数÷该页面的全部访问次数。跳失率越高，说明网店（网站）对访客的吸引力越小，需要加以改进。

退出率：从访问的页面离开网店（网站）的次数÷该页面的总访问次数。退出率越高，则说明网店（网站）对访客的吸引力越小。

成交转化率：成交客户数÷访客数。成交转化率越高，说明网店（网站）运营得越成功。

注册用户数：在统计周期内，发生注册行为的独立访客数。

收藏用户数：在统计周期内，对网站或商品等对象进行收藏的访客数。

3.成交类指标

成交类指标是指从有真实成交数量的角度来描述网店（网站）发展状况的相关数据。

成交件数：成交产品的总件数。成交件数越多，说明网店（网站）的产品成交转化越好。

成交笔数：成交产品的总次数，一次成交多件产品，只算作一笔。

成交金额：成交产品的总金额。成交产品金额越大，说明该产品越能带来利润。

成交客户数：在网店（网站）内成功交易的客户数。

成交回头客数：在网店（网站）内交易过两次或两次以上的客户数。成交回头客数可以检验网店（网站）产品的质量和受欢迎程度。

网店运营中有 3 个核心的指标：访客数、转化率和客单价。访客的数量或者流量，是网店运营的基础。没有流量，所有的后续工作就没有基础。因而，通过数据运营有效提升网店（网站）的流量，成为网店运营工作的重中之重。转化率是企业十分重视的一个指标，同样也是衡量网店（网站）引入流量是否优质的一个重要标准。在相同的流量下，转化率提高了，整体收入才能提高。能对转化率产生影响的因素比较多，包括服务质量、商品质量、营销活动和商品详情页描述等。转化率是影响销售额的重要因素，只有在店铺内部优化完善好，转化率较高的基础上，引进流量才能增加销售额。客单价指的是每个客户在一段时间内在店铺里购买金额的均值。提高客单价主要从产品线、价格带、价格指数、适度促销、关联营销、大客户管理等方面采取措施。

二、网店数据分析的实施步骤

网店数据分析的过程主要由识别信息需求、确立合理关键绩效指标（KPI）、收集数据、分析数据、评估分析结果并提出改进措施等部分组成。

1.识别信息需求

识别信息需求是确保数据分析过程有效的首要条件，可以为收集数据与分析数据提供清晰的目标。就过程控制而言，管理者应了解识别需求要利用哪些数据支持分析过程的合理性，并明确分析对象和目标。比如在电子商务数据分析中，分析对象可能是广告投放状况、页面、访客或成交用户等，分析目标可能是找到销售额降低的原因，并提出可操作的改进措施等。

2.确立合理KPI

对分析对象确立合理的KPI。合理的KPI包括关键指标的设定和对该指标的合理"预期"值。比如，分析一个网站按点击付费的广告效果，如果选择以点击单价和投资回报率作为关键指标，则需要为这两项指标设定合理的预期值，因为没有合理的预期值，难以判断做得好与坏，从而无法进行分析。预期值的设定需要对其他影响因素（如广告预算、网站商品的竞争力）和分析对象本身（如当前的点击单价是历史峰值还是低值等）都有客观的认识。确认了合理的预期值，就可以从不同角度进行进一步的分析评价，从而获得客观、有用的观点来指导决策。

3.收集数据

收集数据是指从分析目标出发，排除干扰因素，正确收集服务于既定分析目标的数据。正确的数据对于实现数据分析目的将起到关键性作用。在这个过程中需要对收集数据的内容、渠道及方法进行策划，将识别的需求转化为具体的数据要求。另外，数据收集负责人员还需要明确数据的收集时间、收集渠道和收集方法，防止数据丢失和虚假数据的干扰。

4.分析数据

开始进入具体的分析数据阶段后，就要对收集的数据进行加工、整理和分析，使其转化为有效信息。通常情况下，分析数据并不需要复杂的分析算法或高端的分析软件。掌握"细分、对比和转化"的分析手段，就能满足电子商务的基础数据分析任务。

5.评估分析结果并提出改进措施

商家在评估数据分析结果时，要注意数据是否真实和充分，数据分析方法是否合理，是否将风险控制在可接受的范围内，并根据分析结果找出问题的关键，制定相应调整和改善的措施，使问题得到解决或将负面影响降到最低。改进措施是最为关键的一步，也是很多数据分析工作中容易忽视的一步。另外，如果很多数据分析只是呈现结果，缺少解决问题的方案，将很难定义为一次成功的数据分析。

三、第三方数据工具

数据分析的基础类工具主要包括 Excel、SPSS、Python 等。数据分析的平台类工具有速卖通的数据纵横、Shopee 虾皮数据分析系统——知虾等。第三方数据分析工具有如下几种。

1. Keepa

Amazon Price Tracker 是一款亚马逊历史价格追踪插件，也称作 Keepa 插件，可以生成价格的历史图表并添加到 Google Chrome，能看到商品价格的变化。

2. Camelcamelcamel

这是一个价格追踪插件网站，也是亚马逊 FBA 商家标配，是可以追踪所有商品历史价格的网站。使用它可以进行具体的 ASIN 研究，查看价格变化等信息，从而为商家研究商品提供参考。

3. FBA Calculator

这是亚马逊自带的计算器工具，也可能是国内外商家最常用的工具，可以更快、更简单地计算 FBA 费用。

4. Teraper

通过这个工具，可以看到 eBay 和亚马逊平台上成千上万种最热门的商品和品类，帮助商家了解最热门的商品及商品定价。

5. Google Adwords

这是一种通过使用 Google 的关键字广告或 Google 遍布全球的内容联盟网络来推广网站的付费网络推广方式，可以选择包括文字、图片及视频广告在内的多种广告形式。

【知识链接】

一、商品管理

产品、渠道、运营和供应链是跨境电商的四大重要核心要素。产品是重中之重，甚至在跨境电商中有"三分靠运营，七分靠选品"的说法，可以说，好的产品是跨境店铺经营成功的基础。

1.选品

（1）跨境电商的选品原则

跨境电商选品原则通常需要考虑以下因素。

①市场需求。选择市场需求量大、竞争程度适中的产品。可以通过市场调研、数据分析等方法来了解市场需求状况。

②产品品质。选择品质好、符合国际质量标准的产品。品质是客户购买产品的重要考虑因素，客户一般会重点关注产品的质量和可靠性。

③价格竞争力。选择价格具有竞争力的产品。价格是客户购买产品的重要决策因素，需要与竞争对手的价格进行比较，确保自己的产品有竞争力。

④物流便捷性。选择物流便捷、快速的产品。物流是跨境电商的重要环节，选择物流便捷的产品可以提高订单交付速度，提升客户的购买体验。

⑤法律合规性。选择符合目标市场法律法规的产品。不同国家或地区有不同的法律法规要求，选择符合目标市场法律法规的产品可以避免法律风险。

（2）跨境选品的要点

跨境网店选品的要点一般包括：

①了解目标市场。了解产品销售的目的地国的市场文化、消费习惯、法律法规等，以便选择适合目标市场的产品。

②研究竞争对手。了解竞争对手的产品种类、定价策略、营销手段等，以便选择有竞争力的产品。

③选择热门品类。选择目标市场热门的产品品类，可以提高产品的销售潜力。

④关注品牌认知度。选择有一定品牌认知度的产品，可以增加产品的销售信任度。

（3）跨境选品的注意事项

跨境网店选品一般要注意如下事项。

①了解海关政策。了解目标市场的海关政策，包括进口规定、禁止进口的产品等，以避免产品被海关扣留或退运。

②注重产品质量。选择品质好、可靠的产品，以保证客户的购买体验。

③注意知识产权保护。选择没有侵犯知识产权的产品，避免法律纠纷和商誉损失。

（4）跨境选品渠道

跨境电商的选品渠道一般包括：

①供应商。可以通过与供应商合作，直接从厂家或批发商采购产品。

②跨境电商平台。可以通过跨境电商平台，如亚马逊、eBay等，进行选品和销售。

③代购平台。可以通过代购平台，如海外代购、个人代购等，进行选品和销售。

④代理商。可以通过与代理商合作，代理他们的产品进行销售。

⑤自有品牌。可以通过自主研发、生产产品，建立自有品牌，进行选品和销售。

2.商品拍摄与美化

俗话说，一张美图胜过千言万语。好的商品图片在店主宣传自己的商品中起着至关重要的作用。因为网店不同于实体店，实体店客户可以看到实物，而网店的客户无法看到真实的实物，只能通过商家的描述和图片来判断商品的品质。那么，如何获得一张图像清晰、色彩真实、富有美感的商品图片呢？这是所有网店运营人员都关心的问题。

微课精讲：速卖通视觉营销	学习笔记

（1）商品拍摄技巧

①风格的确定。首先，在拿到商品时，要根据商品的形状和材质，来决定整个拍摄的风格。要做到突出主体，找到合适的表现形式，这样拍摄出来的相片才有感染力。一般而言，深色的商品选择浅色的背景，浅色的商品选择深色背景，如图 3-45 所示，也可以利用商品的色彩和背景的色彩之间的差异来达到视觉上的对比，突出要强调的主体。

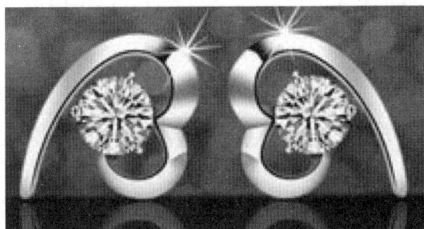

图 3-45　突出主体

②道具的选择。根据风格的定位，来确定是否选择使用道具。如果是拍摄吊坠之类的，建议不要选择道具，直接选择纯色背景，这样主题突出、色调艳丽，如图 3-46 所示。道具主要是为了烘托物品，选择道具时最好不要太耀眼夺目、喧宾夺主。一般而言，什么功能的商品选择什么功能的道具，什么风格的商品选择什么风格的道具。如服装类商品可以选择箱包、帽子、项链、鞋等道具，如图 3-47 所示。

图 3-46　没有用道具的拍摄效果

图 3-47　使用项链、箱包道具的拍摄效果

③背景选择及光线运用。

第一，背景的选择。生活中的场景比较复杂，不太适合用来作为商品背景，通常采用背景墙、背景布等作为背景。采用背景，就涉及背景颜色的选择，背景色选择得好，可以加强商品的视觉冲击力，起到衬托商品的作用。背景颜色选择得不好，拍完照之后还要逐个用软件进行修改，相当费时费力，所以拍摄时力求一步到位，节约宝贵的时间。

第二，光线的运用。光线不好，产品拍出来灰蒙蒙的，不能勾起客户的购买欲望。因此，拍产品时光线明亮是非常重要的。有阳光的情况下就尽量在阳光下拍摄，光线不足时，可以采用摄影灯。摄影灯最好用白背景，方便后期图像处理。下面介绍几种商品的光线运用。

首先，表面光滑商品的光线运用。表面光滑的商品，如金银饰品、瓷器、漆器、电镀制品等表面结构光滑如镜，具有强烈的单向反射能力，受到光照会产生强烈的眩光。拍摄这类商品，除了要采用柔和的散射光线照明外，还可以采取间接照明的方法，就是将灯光作用在反光板上，将反射出来的光照到商品上，得到柔和的照明效果，如图3-48所示。

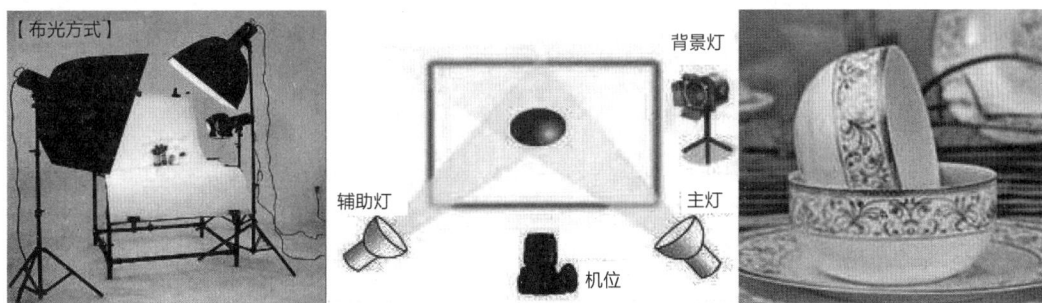

图3-48　光滑表面商品拍摄

其次，表面粗糙商品的光线运用。许多商品的表面结构是粗糙的，如皮草、棉麻制品、雕刻品等，它们的质地或软或硬，表面粗糙不光滑。为了表现好质感，拍摄时可以使用稍硬的光线照明，在光线的使用上，应当以采用侧光、侧逆光为主，这样商品表面就会表现出明暗起伏的结构变化，增加立体感，如图3-49所示。

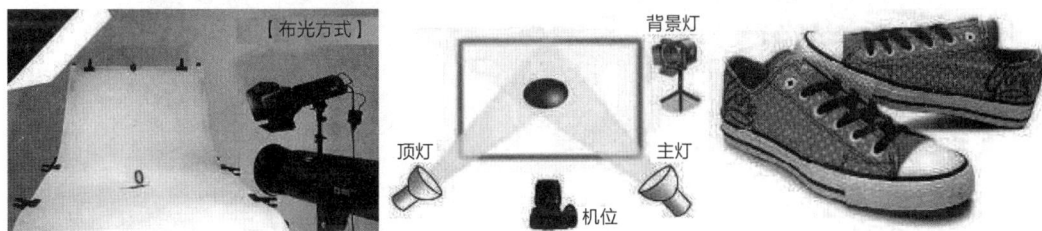

图3-49　粗糙表面商品拍摄

再次，透明商品的光线运用。透明商品如玻璃器皿、水晶、玉器等，既具有反光特性，又有透光特性。拍摄时一般采用侧光、侧逆光或底部光进行照明拍摄，利用光线通过透明体时因厚度不同而产生的光亮差别，使其呈现出不同的光感，来表现清澈透明的质感，如图 3-50 所示。在使用底部光的时候，要使用白色底衬或将商品直接放在玻璃面上。

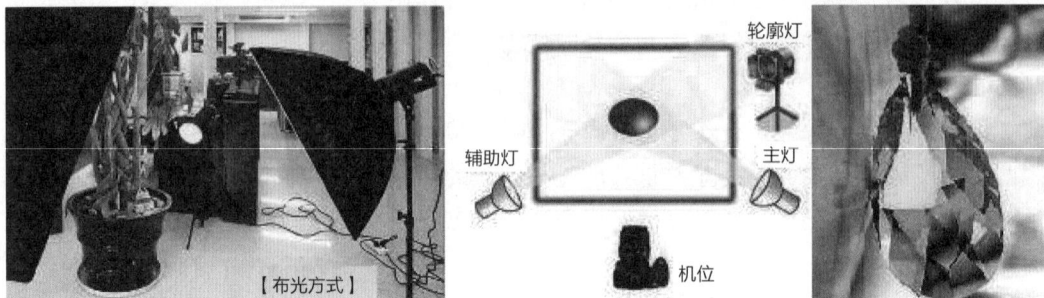

图 3-50　透明商品的拍摄

④不同商品的拍摄技巧。不同的商品，有着不同的材质、特性，它的拍摄方法也是不同的。

第一，服装的拍摄。依据拍摄地点来分，服装的拍摄可分为室外拍摄、室内拍摄和棚内拍摄。室外拍摄可以选择商业气氛浓厚的闹市区，如临街的商城、路灯和广告牌都是很好的布景，可以充分利用。也可以到一些人流量较少的酒吧街或欧美风格建筑物的一角去取景，这样拍摄的照片可以较好地表现出服装的潮流、品位和时尚感，如图 3-51 所示。室内拍摄可以充分利用室内的每一个角落、家具来布景，也可以放一些自制的小木箱、几何体和小饰物来作为拍摄道具，如图 3-52 所示。棚内拍摄最好使用一个可以将背景纸卷起来的支架，可以方便根据不同服装的颜色来更换相片的背景纸。在用光方面，材料细腻的服装比较适合用柔和的光，材质粗糙的服装比较适合直接打光。对于比较皱的衣服，最好熨平再拍摄，这样拍摄出来的图片会更好。

图 3-51　室外拍摄

图 3-52　室内拍摄

第二，食品的拍摄。食品的购买主要是通过色、香、味进行筛选。拍摄需要烹饪的食品最好是在食品半熟的时候，颜色偏向于黄色，让人一看就有吃的冲动；而拍摄即食食品时，如果有包装，最好拍摄一些包装上的说明文字和食品的认证标志，这样客户才能信任商家。如果是散装的食品，可以拍摄一些食品的细节。

第三，饰品的拍摄。饰品的拍摄要根据饰品的材质来决定，看看它是反光的还是吸光的，结合上面的光线运用，采用微距拍摄。拍摄饰品时可以给饰品一个特写，再配合多角度的拍摄，表现商品不同的气质。还可以把多件饰品放在一起拍摄，这样可以突出商品的多色特点，便于客户比较。

第四，数码产品的拍摄。这类商品的拍摄要突出产品功能性、科技性和时尚性。拍摄时要注意细节拍摄，尤其是某些功能性按钮和设置的特写拍摄。图片应该简单，拍摄道具可以使用桌面，同时光线充足，背景宜较浅。拍摄角度以正面为主，为了体现商品特色，还可以进行局部特写，如突出产品功能。如果数码产品有很多配件，也可以一一列举出来，放在一起，给客户一个整体的印象。

（2）商品图片的处理及美化

由于网上零售的特殊性，客户只能通过商家对商品的描述及商品图片来了解商品，因此，商品的图片在整个交易中占据了举足轻重的地位。客户首先通过商品的图片来了解商品的外观、质量及细节。为了节省商家的时间，最好是商品图片拍出来后可以直接使用，但是拍摄出来的商品图片过大、过亮、过暗或需要更换背景、添加logo的话，就需要对图片进行加工处理。Photoshop是目前使用广泛的平面美术设计软件，通过它可以对图像进行修饰、编辑以及色彩处理。另外，商品图片处理后还需要对其添加文案以凸显商品卖点，起到画龙点睛之用。

微课精讲：商品文案的创作	学习笔记

二、物流管理

物流是跨境电商发展的核心链条，在很大程度上决定了跨境电商的运作效率。跨境电商发展至今，下游的客户已经从早期的重视商品质量、价格等基本需求逐渐上升为对物流、售后等综合服务的高层次需求。跨境电商平台需要与物流企业在仓储、运输、通关和配送等诸多环节进行深入合作。跨境网店物流大体可以分为邮政物流、商业快递、专线物流和海外仓等4种。

1.邮政物流

邮政物流包括各国邮政局的邮政航空大包、小包，以及中国邮政速递物流分公司的EMS、国际e邮宝等。

（1）中国邮政航空大包

中国邮政航空大包又称"航空大包"或者"中邮大包"，事实上中国邮政除航空大包外，还包括水陆运输、空运水陆路运输的大包，本书所提及的"中邮大包"仅指航空大包。中邮大包适合邮寄重量超过 2 千克且体积较大的包裹，可以寄达全球 200 多个国家（或地区），成本低、交寄方便、清关能力强，适合邮寄对时效性要求不高且较重的物品。中邮大包在部分国家限重 10 千克，最重只能寄递 30 千克，而且其妥投速度慢，查询信息更新慢。

（2）中国邮政航空小包

中国邮政航空小包又称"中邮小包""空邮小包"或"航空小包"，以及其他以收寄地市局命名的小包（如"上海小包"），是中国邮政对 2 千克以下的小件包裹推出的空邮服务，方形包裹体积限制是：长＋宽＋高≤90 厘米，单边长度≤60 厘米。圆柱形包裹最大体积限制是：2 倍直径及长度之和≤104 厘米，单边长度≤90 厘米。商家可以在线下单，打印面单后直接由邮政工作人员上门揽件或将邮件交付中国邮政的揽收仓库，即可享受快捷、便利的国际小包服务。中邮小包运费便宜是最大的优点，且部分国家（或地区）运达时间并不长，是性价比较高的物流方式。中邮小包的覆盖面非常广，只要有邮局的地方都可以到达。在海关操作方面，中邮小包比快递简单很多，享用"绿色通道"，清关能力很强。邮政国际小包本质上属于"民用包裹"，并不属于商业快递，因此该方式能邮寄的品类比较多。中国邮政国际小包是一种民用包裹，海关对个人邮递物品的验放原则是"自用合理数量"，该原则即以亲友之间相互馈赠自用的正常需要量为限。因此，并不适合寄递数量太多的物品。此外，中邮小包限制重量，不能超过 2 千克。境外部分不能跟踪物流信息，商家需要借助其他平台查询物流信息。中邮小包还有一个缺点就是运送时间较长，如俄罗斯、巴西这些国家超过 40 天才显示商家签收都是正常现象。

（3）EMS

EMS（Express Mail Service，特快专递邮件业务）以高速度、高质量为客户传递国际紧急信函、文件资料、金融票据、商品货样等各类文件资料和物品，同时提供多种形式的邮件跟踪查询服务，还提供代客包装、代客报关、代办保险等综合延伸服务。国际 EMS 快递计费简单，不同分区折扣不同，商家可与邮政或者货代公司协商。当天发货当天交接邮局，通关能力强，不容易产生关税问题。货物不计算体积，适合发体积较大重量较轻的货物。无燃油附加费及偏远附加费，通邮全世界。但是 EMS 也存在明显的不足：相比商业快递速度较慢，查询网站信息滞后，EMS 不可以一票多件，大货价格偏高。

（4）国际 e 邮宝

国际 e 邮宝（ePacket）是中国邮政速递物流旗下的国际电子商务速递业务，该产品以 EMS 网络为主要发运渠道，出口至境外邮政后，通过目的国邮政轻小件网投递邮件，可以为跨境电商商家提供便捷、稳定、优惠的物流轻小件服务。国际 e 邮宝主要寄递的商品价值在 15～50 美元，单件质量在 2 千克以内的 3C、首饰、服装类商品等。目前，e 邮宝业务已通达美国、加拿大、俄罗斯、巴西、澳大利亚、西班牙、法国、荷兰、英国、以色列等 35 个国家及地区，其中寄往最多的国家是美国和俄罗斯。国际 e 邮宝全程可跟踪，提供主要节点跟踪查询。寄送时效正常情况下 7～10 个工作日到达目的地，俄罗斯和沙特阿拉伯等地需 7～15 个工作日到达目的地；特殊情况（节假日或旺季）需要 15 ～ 20 个工作日到达目的地。

2.商业快递

国际商业快递（Express）是指在两个或两个以上国家（或地区）之间传递信函、商业文件及物品的递送业务，即通过国家之间的边境口岸和海关对快件进行检验放行的运送方式。国际快件到达目的国家（或地区）之后，需要在目的国（或地区）被再次转运，才能被送达最终目的地。

（1）UPS

UPS（United Parcel Service）全称是联合包裹服务公司，1907 年成立于美国，是一家全球性的快递承运商与包裹递送公司。在速卖通线上发 UPS 的优势航线是美洲航线，如美国、加拿大、墨西哥、巴西等国家，最快时效 3 天即可完成配送，在无异常情况下6 天基本上都可以完成配送。

UPS 的优点包括服务区域广，在 200 多个国家和地区管理着物流、资金流与信息流，能提供全球货到付款的服务以及免费、及时、准确的上网查询服务，加急限时派送服务和趋强的清关服务也深受客户喜欢。UPS 支持一票多件，货物出口到美国、加拿大、澳大利亚和新西兰等国价格优势明显。正常情况下 2 ～ 4 个工作日可通达全球。查询网站信息更新快，方便用户在遇到问题时及时解决。但是 UPS 也有缺点：运费较贵，需计算体积重量，对托运的物品要求比较严格。

（2）DHL

DHL 又称敦豪航空货运公司，是全球著名的邮递和物流集团。DHL 为客户提供从文件到供应链管理的全系列的物流解决方案，是全球快递、洲际运输和航空货运的领导者，也是全球第一的海运和合同物流提供商。DHL 派送网络遍布全球，可寄达约 220 个国家及地区共 12 万个目的地，物流信息在查询网站上更新及时、准确，并能提供包装检验与设计服务、报关代理服务。DHL 支持一票多件，正常情况下 2 ～ 4 个工作日可通达全球，特别是欧洲和东南亚的速度较快。但是，DHL 需计算体积重量，走小货价格较贵且不划算，对托运物品的限制比较严格，拒收许多特殊商品，在部分国家不提供包裹寄送服务。

（3）TNT

TNT 总部位于荷兰阿姆斯特丹，主要在欧洲、南美洲、亚太地区和中东地区拥有航空和公路运输网络。一般货物在发货次日即可实现网上追踪，全程时效为 3 ～ 6 天。TNT 快递费不包括货物到达目的地海关可能产生的关税、仓储费等费用。因货物原因无法完成目的地海关清关手续或收件人不配合清关，导致货物被退回发件地的话，所产生的一切费用如收件人拒收则需商家承担。TNT 不接收仿牌货物，由此造成的扣关 TNT 不负责。

TNT 的优点在于速度快，通关能力强，提供报关代理服务；可免费、及时、准确追踪、查询货物；网络覆盖范围广，查询网站信息更新快。但是运费较贵，需计算体积重量，适合发 21 千克以上的大件货物，对托运物品的要求比较严格。

（4）FedEx

FedEx（Federal Express）隶属于美国联邦快递集团，提供隔夜快递、地面快递、重型货物运送、文件复印及物流服务，是集团快递运输业务的中坚力量。FedEx对寄送大部分国家的包裹要求是单票的总重量不能超过300千克，单件包裹或者一票多件中的单件包裹的重量不超过68千克，超过的需要提前预约。

FedEx的优点是服务区域广，覆盖全球220多个国家和地区；时效快，一般2～4个工作日可通达全球；可提供及时、准确且免费的上网查询服务。但是FedEx运费需要计算体积重量，对托运物品要求也比较严格。

3. 专线物流

专线物流是专门针对某一国家或地区的物流运输方式，目的是节约成本，提升运输效率。有关专线物流的信息及资费可以登录相关国家邮政或者快递的官方网站进行查询。以下简单介绍几个目前使用较为普遍的国际专线物流。

（1）燕文专线（Special Line-Yw）

北京燕文物流公司旗下的一项国际物流业务，有南美专线和俄罗斯专线。燕文南美专线通过调整航班资源一程直飞欧洲，再发挥欧洲到南美航班货量少的特点，快速中转，避免旺季爆仓，大幅缩短了投递时间。燕文俄罗斯专线是与俄罗斯合作实现系统内部互联，在国内能够快速预分拣、快速通关、快速分拨派送。在正常情况下俄罗斯全境派送时间不超过25天。

（2）俄速通专线（Ruston）

属于中俄航空专线，能够提供空运和海运等多种方式，以满足不同商品的需求。俄速通专线提供全程跟踪、报关、仓储等服务，能够提供经济、快速、邮寄范围广的物流解决方案。

（3）中东专线（Aramex）

一种面向中东地区的跨境物流服务。Aramex是一家全球性的物流公司，总部位于迪拜，在中东地区具有快速清关的优势，能够提供快速、安全的物流服务，满足中东市场的需求。Aramex的缺点是快递优势主要在中东地区，在别的国家或地区不存在这些优势，区域性强。

（4）速优宝—芬兰专线

速优宝芬兰专线是由速卖通和芬兰邮政（Post Finland）针对2千克以下小件物品推出的香港口岸出口的特快物流服务，分为挂号小包和经济小包，运送范围为俄罗斯及白俄罗斯全境邮局可到达区域。速优宝—芬兰邮政具有在俄罗斯和白俄罗斯清关速度快、时效快、经济实惠的特点。

（5）速卖通无忧物流（AliExpress Standard Shipping）

菜鸟网络推出的物流服务，为速卖通商家提供国内揽收、国际配送、物流详情追踪、物流纠纷处理和售后赔付的一站式物流解决方案。无忧物流最大的优势是因物流原因导致的纠纷退款由平台承担，且不计入纠纷率。平台承担售后赔付损失。物流纠纷无须商家响应，平台直接判责。而且无忧物流渠道稳定，时效快，低于市场价而且操作简单。无忧物流集合了多家物流服务商，可以根据目的国、品类、重量选择最优的物流方案。

（6）菜鸟物流

菜鸟网络与优质物流商及目的国邮政合作，采用稳定干线资源运输，将货物快速运输到目的国，由当地的邮政进行清关及派送。正常情况下 35～45 天可以实现大部分地区妥投，货物自揽收或签收成功之日起 35 天仍未到达目的国的情况视为丢失，可在线发起投诉，投诉成立后最快 5 个工作日可以完成赔付。菜鸟物流目前有 3 种物流类型：菜鸟超级经济、菜鸟特货专线—超级经济、菜鸟特货专线—简易。

4.海外仓

所谓海外仓就是商家在所在国建立海外仓库，将商品通过各种运输方式运送到海外仓库中，当客户在线上下单后，商家直接把海外仓库的商品寄送给客户即可。海外仓可提供仓储、包装、分拣、派送等一站式物流控制和管理服务。海外仓改变传统的跨境物流方式，便于物流管理，提高库存周转率，控制了物流成本，可以降低跨境电商商家运营风险和资产投入，让客户有更好的服务体验。海外仓提供了完善的跨境电商供应链，对跨境物流具有引领作用。

三、客户管理

1.网店客服岗位

跨境网店客服的岗位分类和职责可借鉴国内的网店客服，同样可以分为售前客服、售中客服、售后客服及其他相关客服工作人员。

（1）售前客服

负责回答客户在购买前的各种问题，包括商品特性、尺寸、材质、价格、促销活动等。他们需要对网店的产品有充分的了解，能够给客户提供准确、详细的信息，帮助客户做出购买决策。售前客服承担着引导客户、产品推荐、催单以及订单备注等售前服务工作。

（2）售中客服

售中客服主要负责订单处理工作，包括对商品信息和收货人信息的审单工作，配货单和物流单的打单工作。负责催件、查件、电话回访、维护评价工作。

（3）售后客服

售后客服负责处理客户在购买后的各种问题，包括退换货、物流跟踪、订单疑问、投诉、回访等。售后客服需要具备良好的沟通能力和解决问题的能力，能够及时、准确地解决客户的问题，提供优质的售后服务。

在具体的操作中，由于商家经营规模的不同，有些商家没有设置售中客服岗位，把售中、售后工作统一交由售后岗位负责，而审单、打单工作交由仓储部门完成。对于跨境网店来说，外语客服是非常重要的一部分。他们需要具备流利的外语沟通能力，能够与国外客户进行有效的交流，解答国外客户的问题。

2.网店客服应该具备的知识

（1）商品知识

网店客服应该了解网店所销售的产品，包括特点、功能、用途等方面的知识，以便能够回答客户的问题，并对行业的相关知识、商品的使用方法及修理方法也能熟知。网店客服应对商品适用人群和不适用人群有基本的了解。比如，不同的年龄、生活习惯的客户适用不同的衣服款式；有些玩具不太适合太小的儿童等。这样，客服才能给客户更好的解答和回复。

（2）网站平台交易规则

网店客服应该了解跨境电商的平台规则、相关政策和交易流程，包括但不限于注册和推广规则、通关流程、关税政策、退换货政策、物流方式等，以便能够为客户提供正确的信息和指导。此外，客服还要通过查看交易详情，了解跨境付款、改价、交易关闭、申请退款等各项操作。总之，客服需要对交易流程、交易规则和政策相当熟悉，一般需要经过专业培训，才能胜任客服工作。

（3）物流知识

网店客服应该了解国际物流的基本流程和常用术语，以便能够为客户解答关于物流方面的问题。网店客服需要了解不同物流方式的价格、计费方式，以及报价的还价空间等；不同物流方式的速度、时效、联系方式、物流信息查询网址、计费方式等都是网店客服必须掌握的知识。

3.网店客服应当具备的素质

①良好的沟通能力：能够准确理解客户的问题，清晰地给予回答，通过有效的沟通消除客户的疑虑。

②耐心和友好：对待客户要有耐心和友好的态度，与客户建立良好的关系，解决客户的问题，并提供满意的服务体验。

③解决问题的能力：能够迅速分析问题的本质，找到解决问题的方法和策略，及时解决客户的问题，保证客户满意度。

④团队合作：与其他部门和团队成员密切合作，共同解决问题，提供协同的客户服务。

⑤外语能力：跨境网店客服需要具备一定的外语能力，方便与客户进行沟通，这样才能在售前、售中和售后更好地与客户进行互动和交流，提升客户的体验。

总之，跨境网店客服需要具备良好的沟通能力、解决问题的能力，了解产品知识、跨境电商政策和流程以及国际物流知识，以提供优质的售前咨询和售后服务，提升客户的满意度和忠诚度。

【**评价反馈**】详见表 3-4、表 3-5、表 3-6 和表 3-7。

表 3-4　个人自评打分表

班级		姓名		日期	年　月　日
评价指标	评价内容			分数	分数评定
信息检索	能有效利用网络、图书资源、工作手册查找有用的相关信息等；能用自己的语言有条理地去解释、表述所学知识；能将查到的信息有效地传递到工作中			10分	
感知工作	熟悉作图步骤，认同工作价值；在工作中能获得满足感			10分	
参与态度	积极主动参与工作，能吃苦耐劳，崇尚劳动光荣、技能宝贵；与教师、同学之间相互尊重、理解、平等；与教师、同学之间能够保持多向、丰富、适宜的信息交流			10分	
	探究式学习、自主学习不流于形式，处理好合作学习和独立思考的关系，做到有效学习；能提出有意义的问题或能发表个人见解；能按要求正确操作；能够倾听别人意见、协作共享			10分	
学习方法	学习方法得体，有工作计划；操作技能符合规范要求；能按平台要求正确操作；获得了进一步学习的能力			10分	
工作过程	遵守管理规程，操作过程符合平台管理要求；平时上课的出勤情况和每天完成工作任务情况；善于多角度分析问题，能主动发现、提出有价值的问题			15分	
思维态度	能发现问题、提出问题、分析问题、解决问题、创新问题			10分	
自评反馈	按时按质完成工作任务；较好地掌握了专业知识点；具有较强的信息分析能力和理解能力；具有较为全面严谨的思维能力并能条理清楚、明晰地表达成文			25分	
个人自评分数					
有益的经验和做法					
总结反馈建议					

表 3-5　小组自评打分表

班级		组名		日期	年　月　日
评价指标	评价内容			分数	分数评定
信息检索	能有效利用网络、图书资源、工作手册查找有用的相关信息等；能用自己的语言有条理地去解释、表述所学知识；能将查到的信息有效地传递到工作中			10 分	
感知工作	熟悉作图步骤，认同工作价值；在工作中能获得满足感			10 分	
参与态度	积极主动参与工作，能吃苦耐劳，崇尚劳动光荣、技能宝贵；与教师、同学之间相互尊重、理解、平等；与教师、同学之间能够保持多向、丰富、适宜的信息交流			10 分	
	探究式学习、自主学习不流于形式，处理好合作学习和独立思考的关系，做到有效学习；能提出有意义的问题或能发表个人见解；能按要求正确操作；能够倾听别人意见、协作共享			10 分	
学习方法	学习方法得体，有工作计划；操作技能符合规范要求；是否能按平台要求正确操作；获得了进一步学习的能力			10 分	
工作过程	遵守管理规程，操作过程符合平台管理要求；平时上课的出勤情况和每天完成工作任务情况；善于多角度分析问题，能主动发现、提出有价值的问题			15 分	
思维态度	能发现问题、提出问题、分析问题、解决问题、创新问题			10 分	
自评反馈	按时按质完成工作任务；较好地掌握了专业知识点；具有较强的信息分析能力和理解能力；具有较为全面严谨的思维能力并能条理清楚、明晰地表达成文			25 分	
小组自评分数					
有益的经验和做法					
总结反馈建议					

表 3-6 小组间互评表

班级		被评组名		日期	年　月　日
评价指标		评价内容		分数	分数评定
信息检索		该组能有效利用网络、图书资源、工作手册查找有用的相关信息等		5分	
		该组能用自己的语言有条理地去解释、表述所学知识		5分	
		该组能将查到的信息有效地传递到工作中		5分	
感知工作		该组熟悉作图步骤，认同工作价值		5分	
		该组成员在工作中能获得满足感		5分	
参与态度		该组与教师、同学之间相互尊重、理解、平等		5分	
		该组与教师、同学之间能够保持多向、丰富、适宜的信息交流		5分	
		该组能处理好合作学习和独立思考的关系，做到有效学习		5分	
		该组能提出有意义的问题或能发表个人见解；能按要求正确操作；能够倾听别人意见、协作共享		5分	
		该组能积极参与，在网店创建、装修、运营推广过程中不断学习，综合运用网店运营的能力得到提高		5分	
学习方法		该组的工作计划、操作技能符合规范要求		5分	
		该组获得了进一步发展的能力		5分	
工作过程		该组遵守管理规程，操作过程符合平台管理要求		5分	
		该组平时上课的出勤情况和每天完成工作任务情况		5分	
		该组成员能按时完成网店运营和推广的相关作品，并善于多角度分析问题，能主动发现、提出有价值的问题		15分	
思维态度		该组能发现问题、提出问题、分析问题、解决问题、创新问题		5分	
自评反馈		该组能严肃认真地对待自评，并能独立完成自测试题		10分	
互评分数					
简要评述					

表3-7 教师评价表

班级		组名		姓名	
出勤情况					
评价内容	评价要点	考察要点		分数	分数评定
1.任务描述、接受任务	口述内容细节	(1) 表述仪态自然、吐字清晰		2分	表述仪态不自然或吐字模糊扣1分
		(2) 表达思路清晰、层次分明、准确			表达思路模糊或层次不清扣1分
2.任务分析、分组情况	依据平台要求尺寸和标准	(1) 分析平台网店作品要求的关键点准确		3分	表达思路模糊或层次不清扣1分
		(2) 涉及理论知识回顾完整,分组分工明确			知识不完整扣1分,分工不明确扣1分
3.制订计划	制作装修和推广素材	装修和推广素材数量和规范(包括标题、尺寸、美观、营销要素等)		5分	一处表达不清楚或层次不清扣1分,扣完为止
	制订营销计划和运营管理规范	制订营销计划;制定成员管理规范		10分	营销计划内容缺少一项扣1分,成员管理规范不合理的地方一处扣1分,扣完为止
4.计划实施	装修素材	(1) 网店创建、店标LOGO设计制作		5分	每漏一项扣1分
		(2) 店招设计与制作			尺寸不符或信息有误扣1分
		(3) 横幅广告设计与制作			轮播图片不满3幅扣1分
	营销计划	(1) 商品准确发布与管理		5分	每有一个信息错误扣1分,扣完为止
		(2) 营销方案合理		5分	营销方案符合企业实际,每有不合理处扣1分
		(3) 营销作品呈现		40分	
	运营管理	(1) 网店整理美观大方,风格与产品和企业形象相符合		3分	
		(2) 员工分工明确,任务搭配合理		2分	
5.检测	产品图片详情页信息	图片规范、信息准确度		5分	错一个扣1分
6.总结	任务总结	(1) 依据自评分数		2分	
		(2) 依据互评分数		3分	
		(3) 依据个人总结评分报告		10分	依据总结内容是否到位酌情给分
合计				100分	

【思考与练习】

1.单选题：以下说法错误的是（ ）。

A.网店商品拍摄时，要做到突出主体，找到合适的表现形式，这样拍摄出来的相片才有感染力。

B.为了拍出更好的商品图片，一定要选择道具，并配上合适的背景，这样拍摄出来的相片才更有感染力。

C.拍摄网店商品时，生活中的场景比较复杂，不太适合用来作为商品背景，通常采用背景墙、背景布作为背景。

D.不同的商品，有着不同的材质、特性，其拍摄方法也是不同的。

2.单选题：（ ）主要负责订单处理工作，包括对商品信息和收货人信息的审单工作，配货单和物流单的打单工作。负责催件、查件、电话回访、维护评价工作。

A.售前客服　　　　　　　　　　B.售中客服

C.售后客服　　　　　　　　　　D.线下客服

3.多选题：跨境电商选品原则通常需要考虑以下因素（ ）。

A.市场需求　　　　　　　　　　B.产品品质

C.价格竞争力　　　　　　　　　D.物流便捷性和法律合规性

4.多选题：跨境网店选品一般要注意如下事项（ ）。

A.了解海关政策　　　　　　　　B.注重产品质量

C.注意知识产权保护　　　　　　D.产品的品牌知名度

5.多选题：跨境网店物流大体可以分为（ ）。

A.邮政物流　　　　　　　　　　B.商业快递

C.专线物流　　　　　　　　　　D.海外仓

6.多选题：网店客服应该具备的知识包括（ ）。

A.商品知识　　　　　　　　　　B.网站平台交易规则

C.财务税收知识　　　　　　　　D.物流知识方面

7.掌握速卖通店铺开设步骤，对速卖通网店进行图片优化以提高网店的视觉值，增加吸引力。

8.掌握跨境网店的物流管理相应知识，并能够根据商品的属性选择适合的仓储配送方式。

9.掌握速卖通的数据纵横等分析工具，能够充分利用数据分析工具为客户服务提供依据，提升客户服务水平。

项目三练习参考答案

117

【任务描述】抖音（TikTok）是一款短视频社交平台，于2016年9月上线，主要以用户生成的短视频为特色。用户可以通过抖音拍摄、编辑并分享短视频，从而认识更多的朋友，了解各种奇闻趣事。抖店是抖音推出的一项电商服务，即在抖店App开设电商店铺并链接到抖音平台上的电商店铺，为抖音用户提供一个可以直接在抖音站内购买商品的平台，方便用户进行购物和交易。抖音在短时间内迅速崛起，并成为全球最受欢迎的社交娱乐平台之一，它不仅为用户提供了娱乐消遣的功能，还为许多创作者和明星提供了展示才华和推广的机会。抖音的快速发展和广泛影响力已经改变了许多人对于社交媒体和内容创作的认识。抖店允许企业/公司、个体工商户和个人身份开设电商店铺。本项目的主要任务是掌握抖店的图文推广、短视频推广以及直播推广等操作方法并能够开设和运营抖店。知识链接部分则侧重于对图文推广、短视频推广和直播推广等任务进行知识储备和扩展。

【学习目标】能力目标

1.能够掌握抖店的入驻流程；

2.能够掌握抖音平台的商家规则；

3.能够掌握抖店运营与推广的基本流程，重点包括图文推广、短视频推广和直播推广的技巧等。

知识目标

1.了解抖店图文推广的方法；

2.了解抖店短视频推广的方法；

3.了解抖店直播推广的方法；

4.了解以抖音为代表的短视频平台的业务模式以及运营和推广的规则。

素质目标

1.培养学生创新创意的能力；

2.培养学生团队合作、沟通协调的能力；

3.培养学生数据分析与运用的能力。

思政目标

1.具备爱岗敬业、诚实守信的职业操守；

2.具备自觉维护良好的互联网信息环境的意识；

3.具备电子商务相关法律法规的工作常识。

【**任务分析**】在激烈的市场竞争情况下，网店推广的重要性无须多言。网店推广是提高网店知名度、吸引潜在客户、增加销售和建立用户忠诚度的重要手段，对于网店的成功经营至关重要。图文推广、短视频推广和直播推广是目前网店营销引流的三大利器，以图文为基础，利用短视频引流吸粉，再进行直播带货，是现在很多网店商家常用的推广方式，这大大提高了网店的曝光率，增加了成交的可能性。

【**任务分组**】详见表4-1。

表4-1 学生任务分配表

班级		网店名称		指导教师	
组长/学号		组名			
任务分工					
团队成员	学号	负责的分任务	数量（单位）	完成时间	

【**任务操作**】

🖱 任务一 网店规划

在抖店入驻前，进行网店规划是非常重要的，以下是一些建议的规划步骤。

第一，进行市场调研，了解所在的行业和市场的竞争状况、发展趋势和客户需求。通过市场调研，了解哪些产品或服务受欢迎，如何与竞争对手区别开来，并找到差异化竞争点。

第二，确定目标和定位，明确网店的定位和目标。明确网店要销售的服务或者产品类别和目标受众，为后续确定营销策略和制订推广计划做准备。

第三，设计和布局网店，展现网店的品牌形象。确保网店界面简洁、易于导航和用户友好，同时也要注重品牌形象的一致性以及对目标客户群的吸引力。

第四，选择要销售的产品，并进行库存规划。确保有足够的库存满足订单且有可靠的供应链，并且保持产品的品质和可靠供应链。

第五，完善商品信息和图片，编写有吸引力的商品详情页。确保商品信息准确、详细，图片美观、卖点突出，并能够吸引客户的注意力。

第六，制定营销策略和推广计划，包括针对不同形式的推广活动，如图文推广、短视频推广或直播推广等。同时也要考虑合理使用平台的推广工具，如优惠券、平台大促活动以及站外推广等。站内站外推广有效结合，才能更好地提升店铺的曝光率和销售量。

第七，建立良好的客户服务体系，包括客户咨询和售后服务。提供及时、专业的客户支持，以增加用户的满意度和忠诚度。

总之，在抖店入驻之前，进行网店规划是为了确保网店的顺利运营和成功推广。从目标定位到营销策略，每个步骤都需要认真考虑和计划，以确保网店能够获得更多的曝光、吸引更多的客户，并实现销售增长。网店规划任务单如表4-2所示。

表4-2　网店规划任务单

调研目的		运营要求： 调研的目的、内容、方法正确合理；调研的市场现状符合现实情况；调研的市场发展趋势合理；商品选品依据充分；网店定位合理
调研内容		
调研方法		
行业现状分析		
行业发展趋势		
商品选品		
网店定位		
其他		

任务二　网店开设

一、网店创建

抖店目前支持PC（电脑端）及H5（移动端）入驻。H5（移动端）入驻目前仅支持个人店、个体店、企业店入驻。若企业商家需入驻专卖店、专营店或旗舰店，则需使用PC（电脑端）进行。

1.入驻流程

不同的主体类型入驻流程有略微差异，图4-1所示为企业、个体和个人抖店的入驻流程。

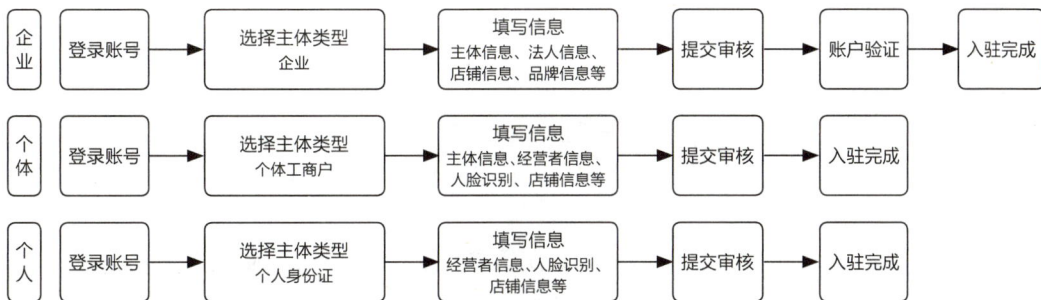

图4-1　入驻流程图

2.登录账号

打开浏览器访问抖店，如图4-2所示，用户可以选择输入手机号和验证码登录，或者通过抖音、头条或者火山等已有账号登录。

图 4-2　登录账号

3.选择主体类型

主体类型是由营业执照的"类型"决定的，不是随意选择的。如果营业执照类型是"个体工商户"，那么只能选择"个体工商户"；如果营业执照类型是"企业"，那么只能选择"企业"；如果不使用营业执照入驻，可以选择"个人身份"，如图 4-3 所示。

图 4-3　选择入驻主体类型

4.填写信息

首先要填写主体信息，以个人店为例，个人店需要上传身份证的正反面，选择是否属于零星小额交易（年交易额累计不超过人民币 10 万元的，无须办理市场主体登记），如图 4-4 所示。

图 4-4　填写主体资质信息

其次需要填写店铺信息，例如个人店包括经营类目、店铺名称、经营地址、管理人姓名、管理人手机号等，并需要通过手机验证码进行身份验证，如图4-5所示。

图4-5 填写店铺信息

个人店、个体店和企业店主要差异是经营类目、店铺名称和品牌要求有所不同。个人店的店铺名称不得使用"旗舰""专卖""专营""官方""直营""官方认证""官方授权""特许经营""特约经销"或其他带有类似含义的内容。如店铺名称出现品牌（企业商号包含品牌且该品牌的权利人为商家店铺入驻主体的情况除外），需提供品牌授权。部分类目不允许出现部分品牌名。

5.平台审核

根据不同的业务情况，平台审核时效有所差异，预估时效可在提交审核后的页面查看。一般情况下，企业类型商家（除企业店外的专营店、专卖店、旗舰店、官方旗舰店等）审核时效比个人店/个体店/企业店要长，特别在选择了定向准入的类目时，时长会有所延长，具体以页面提示为准。当审核被驳回或通过时，会发送短信提示商家，可自行登录抖店，查询审核进度。

6.账户验证

验证方式主要是通过身份证、人脸识别、实名认证或者打款认证进行的。值得注意的是，非中国大陆身份证的个体工商户或企业，都必须提供对公银行卡。

二、网店装修

抖店的店铺装修,主要是商品详情装修。商品详情装修是平台为商家提供的可自主设计商品详情页的功能,通过使用商品详情装修系统自带模板组件功能,商家可在商品详情页中增加更为丰富的文字内容,使整体商品详情页的页面元素更加丰富美观、商品信息更加完善,从而提升商品购买转化效果。

进入抖店商家后台,点击"商品创建"—"图文信息"—"商详装修",如图 4-6 所示。

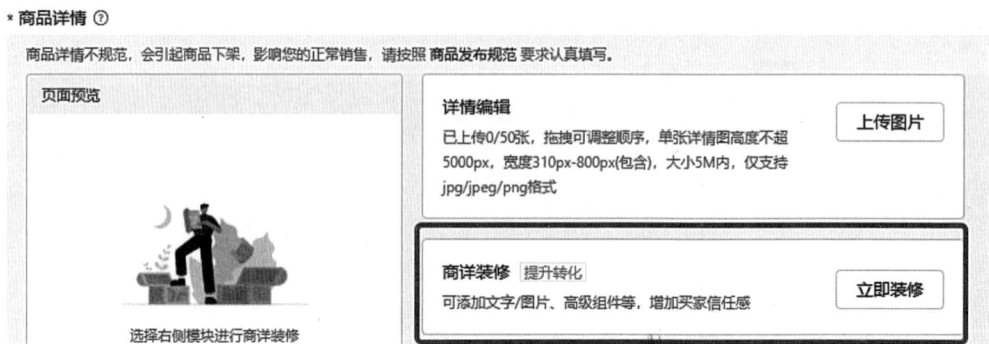

图 4-6　商品详情装修入口

商品详情装修页面主要分为左、中、右 3 个区域,左侧为现阶段装修可用的组件,包含基础组件和高级组件两大类。中间为商品详情页面编辑预览区域,可点击或拖动页面左侧组件至页面中间区域,在页面右侧区域会出现对应编辑组件内容的管理界面。如图 4-7 所示,分别为商品详情页的左、中、右 3 个区域。

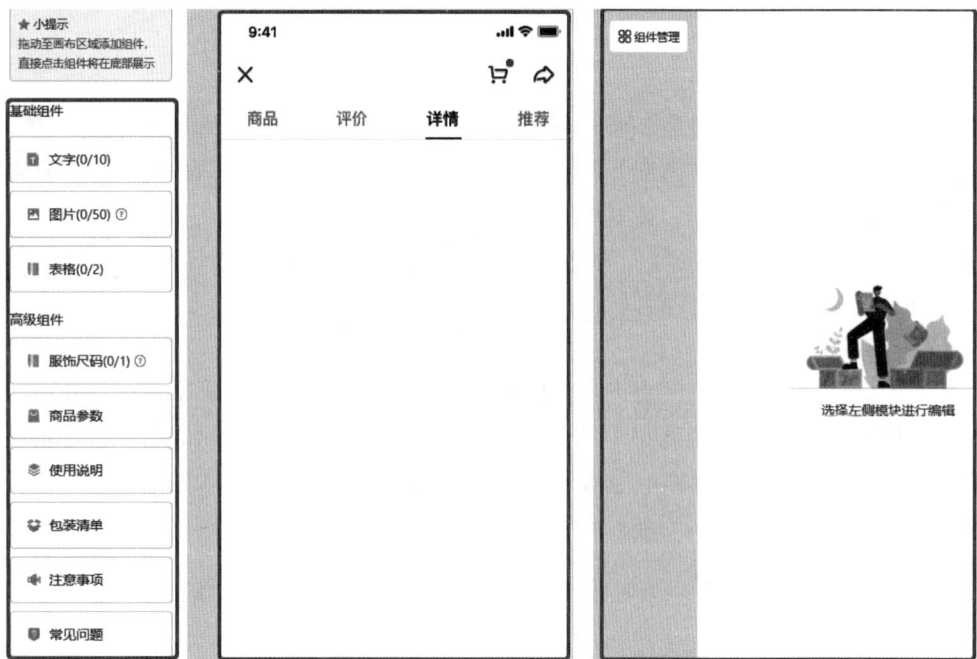

图 4-7　商品详情页的左、中、右 3 个区域

1.基础组件

抖店的基础组件包括文字组件、图片组件和表格组件。

（1）图片组件

点击或拖动左侧图片组件至页面中间预览区域，完成图片本地上传操作（注：支持图片批量上传）。如图4-8所示，在中间预览区域选中对应图片，点击右侧箭头可对图片进行顺序调整。若想更换商品详情的图片，可直接点击对应图片，在右侧编辑管理区域完成图片替换操作。单张商品详情图片宽高比不超2000px，大小5MB内，仅支持jpg、jpeg、png格式。点击组件管理按钮，可快捷拖动完成多张图片的顺序调整，也可自定义图片名称或进行删除。

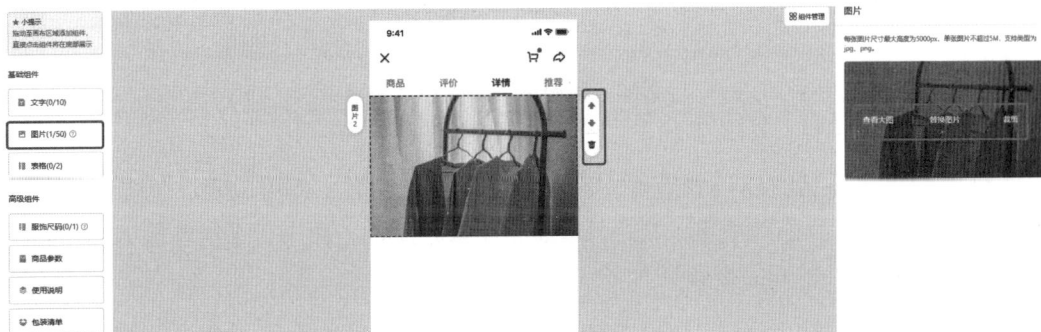

图4-8 抖店的图片组件

（2）文字组件

使用文字组件可对商品做详细内容描述，在右侧文本框内完成内容编辑，这里的字符限制在500以内。文字组件支持换行、空格，以及文本对齐等方式，可自由调整文字内容排版。文字组件支持字号、字体颜色、背景颜色等自定义选择。在中间预览区域选中对应文本组件后，点击右侧箭头可进行文字顺序调整，如图4-9所示。

图4-9 抖店的文字组件

（3）表格组件

表格组件适用于各类目下的商品在制作商品详情的必要信息时需要采用表格样式表达的情况。商家可根据对应商品需求，自由调整表头、注释内容及完善表格内信息，如图4-10所示。

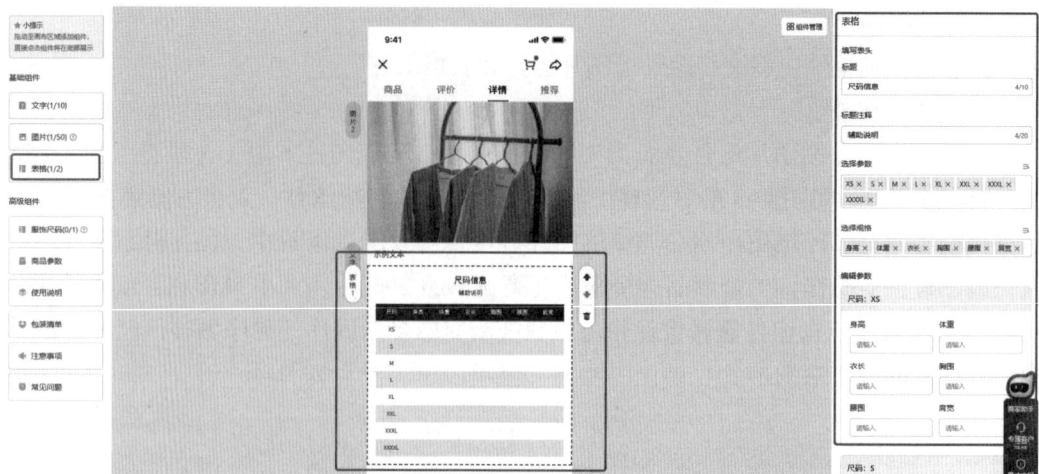

图 4-10　抖店的表格组件

2.高级组件

高级组件中包括商品推荐组件、尺码组件、商品参数、使用说明、包装清单、注意事项、常见问题、品牌故事、规格尺寸、二手成色组件、图书目录组件等 11 个部分，图 4-11 为高级组件的商品推荐页面。

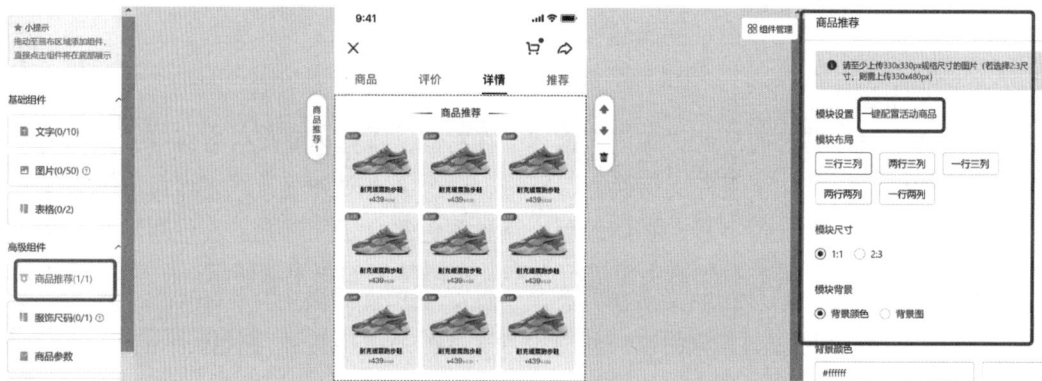

图 4-11　商品推荐组件

（1）商品推荐组件

商品推荐组件可支持选择店铺关联商品、限时限量购活动商品（一口价/直降/打折），完成商品详情页配置，可辅助提升店铺商品曝光转化。如选择"一键配置活动商品"选项，则系统将按最新创建的限时限量购活动中销量排名靠前的商品做默认自动填充并提供多样化商品展示模板供商家选择，支持选择替换背景颜色及增加系统自带背景图模板。结合所选商品布局展示，完成推荐商品选择。

商品推荐组件支持通过商品名称、ID、类目、商品状态（售卖中/已下架）、售价进行商品筛选。

（2）尺码组件

服饰尺码组件：适用于部分服饰、鞋类等类目下的商品。添加的服饰尺码组件将自动同步发布页所设置的尺码模板数据。若未在发布页添加尺码模板，系统则默认将创建的服饰尺码组件信息同步至尺码模板中。同时，生成的尺码信息将在主图、SKU面板及商品详情描述中、直播间展示（商家需前往百应中控台配置），还将用于尺码推荐等场景。商家可根据对应商品尺码需求，自由调整表头、注释内容及具体尺码信息。

首饰尺码组件：选择"首饰尺码"，填写尺码信息和参数后，点击"保存"。适用于手镯和戒指类目，分别对应设置手镯和戒指模板；模板设置一次后，后续无须重复设置，直接使用即可。

（3）商品参数

目前"商品参数"共涉及4套模板，满足多品类商品详情页中"必要信息"的发布需求。例如：食品类商品，商品详情页的必要信息包括营养成分表和配料表等；宠物类商品，商品详情页的必要信息包括动物食品营养成分表和配料表等；也包括其他品类商品，涉及相关参数的必要信息。商品参数组件支持替换模板自带图片及文本信息，同时支持图片在线裁剪，可点击上传图片，系统自动展示裁剪编辑框，能够满足图片裁剪需求。

（4）使用说明

目前"使用说明"共涉及2套模板，可满足多品类商品详情页中"必要信息"的发布需求，如"母婴类""美妆类"等。使用说明组件支持替换模板自带图片及文本信息，同时支持图片在线裁剪。

（5）包装清单

目前"包装清单"共涉及2套模板，可满足多品类商品详情页中"必要信息"的发布需求，如"礼品类""数码类"等。包装清单组件支持替换模板自带图片及文本信息，同时支持图片在线裁剪。

（6）注意事项

目前"注意事项"共涉及2套模板，可满足多品类商品详情页中"必要信息"的发布需求，如"奢品类""美妆类""猫狗药品类"等。注意事项组件支持替换模板自带图片及文本信息，同时支持图片在线裁剪。

（7）常见问题

目前"常见问题"共涉及2套模板，可满足多品类商品详情页中"必要信息"的发布需求；支持替换模板自带图片及文本信息，同时支持图片在线裁剪。

（8）品牌故事

在商品详情装修中选择品牌故事组件后，支持商家手动添加品牌故事图片或文字，强化品牌感。部分品牌将根据发布产品选择的品牌属性自动带出品牌故事，商家可根据品牌真实情况进行使用、修改或删除。值得注意的是，平台带出的品牌故事相关内容仅供参考，商家应核实内容后发布，确保符合商品品牌实际情况，避免虚假宣传等违规风险。

（9）规格尺寸

"规格尺寸"共涉及2套模板，可满足多品类商品详情页中"必要信息"的发布需求。规格尺寸组件支持拖动调整标尺长短及标尺新增，可通过调整图层进行内容修改。

（10）二手成色

目前二手成色组件仅针对二手部分类目下的商品开放该组件功能，其他行业类目商品不可见。二手成色组件将在商品详情页描述中展示产品成色的定级标准及对应各等级的成色说明。点击进入商品详情装修页，系统将自动读取商品所属类目信息，填充对应二手成色组件至商品详情页描述中。

（11）图书目录

图书目录组件支持"文本""图片"两种内容填充形式。文本最多可编辑 10000 字，图片最多支持 10 张图片上传，整体图书目录模块高度不得超过 10000px。

三、商品发布

抖店的商品发布与其他平台一样，需要填写商品相关的各种信息，包括商品标题、图文信息和价格等，值得注意的是"商品规格"支持存储为模板，同一类目下发布商品时，可选择已存储模板快速发布。

存储模板：填写好商品规格相关的信息，点击"存储新模板"按钮，自定义模板名称，点击"确定"完成模板保存。

维护模板：保存好模板后，价格库存模块左上角可以看到当前使用的模板。模板可根据需要进行更新，先完成规格编辑，然后点击"更新所选模板"，即可进行模板更新。值得注意的是模板一旦修改更新后，不支持找回原有旧模板。

使用模板：发布商品时，在价格库存模板的左上角，可以优先选择该类目已经创建好的模板使用。

任务三　网店管理

一、交易管理

抖店中的交易管理也与其他平台大同小异。抖店的交易管理模块，重点介绍订单管理的各项操作，如图 4-12 所示。订单管理模块包括以下模块内容。

近 6 个月订单：指近 6 个月内创建的全部订单。

待支付：指用户选择"在线支付"的支付方式下单，但并没有完成支付动作的全部订单（如用户未在限定时间内完成支付，订单将会被自动取消）。

备货中：商家需要发货的全部订单。

已发货：指商家已操作发货且上传了真实有效物流单号的全部订单。

售后中：指用户申请退款或退货的处于售后中的订单。

已完成：指用户确认收货或系统超时自动确认收货的订单。

已关闭：指虽已经在线支付但在发货前全额退款成功或超时未支付的订单；货到付款方式下在待确认和备货中被取消的以及被拒收的订单；已经发货且用户在未确认收货前完成售后的订单。

24 小时内需发货：指订单（含货到付款及在线支付）在承诺发货截止时间前 24 小时内仍然未点击发货或未上传真实有效物流单号的全部订单。

超时未发货：指超出商家承诺的发货时间还未进行发货操作的全部订单。

6个月前的订单：指6个月前的全部订单。

图 4-12　抖店订单管理页面

二、物流管理

抖店的物流管理模块操作主要介绍发货操作。商家进入"订单管理"页面后，点击"备货中"，勾选要发货的订单即可进行发货操作。商家可以通过多种方式发货，包括电子面单、手动发货、批量发货、ERP发货等。当订单号与物流单号匹配确认完成后，订单将进入"已发货"状态。当有订单需在24小时内发货或超时未发货时，"订单管理"页面上方会进行提示，商家可点击查看平台相关发货规则。当订单状态为"备货中""24h需发货""超时未发货状态"时，可通过"即将超时发货/下单时间"排序筛选更加紧急的订单并及时处理相关流程。

1.确认要发货的订单

在线支付订单：商家可以直接在"备货中"查看需要发货的订单。

商家修改地址：商家更改地址需要与用户协商一致后，才可以进行修改；在线支付订单商家可在"待支付"和"备货中"修改地址，无修改次数限制。

用户修改地址：在线支付订单用户可在"待支付"和进入"备货中"6小时内修改地址。用户仅可修改一次地址，且修改后运费需保持不变。如果用户修改的地区运费高于原订单上的运费，则无法修改成功。图4-13所示为抖店后台修改收货地址的页面。

图 4-13　抖店后台修改地址

2.选择要发货的订单进行发货

点击抖店后台进入"备货中",选择需要发货的订单,如图 4-14 所示,可点击"发货"按钮,进入发货页面匹配对应物流单号,完成后订单将进入"已发货";商家也可批量勾选需要发货的订单,点击"批量发货"按钮,进入发货页面匹配对应物流单号,订单进入"已发货"。

图 4-14　抖店后台发货页面

抖店平台目前共有以下 4 种发货方式。

（1）电子面单发货

当商家已经拥有和物流服务商生成的月结账号时,可勾选进入打单发货页面,通过添加对应物流服务商,免费开通电子面单发货服务,自动获取运单号并匹配对应订单,完成面单打印和发货。电子面单作为商家发货的免费提效工具,不但可以提升发货效率,还能减少虚假发货判罚。

（2）手动发货

当商家已经从物流公司获取过物流单号且订单量较小时,可勾选进入发货页面,手动输入对应的物流单号及物流公司,完成发货即可。

（3）CSV发货

当商家已经从物流公司获取过物流单号且订单量较大时,可在"订单"—"发货管理"—"发货工具"—"批量发货"模块下载发货模板,通过上传文件进行批量发货操作。

（4）ERP发货

当前通过ERP发货的商家,可联系ERP厂商了解对应的发货流程;商家可在抖店服务市场了解已接入小店的ERP厂商。

3.发货的注意事项

①抖店商家若需重新发货,则仅允许重新输入物流单号和物流公司,不允许修改包裹数量和内容。

②货到付款的商品暂不支持多包裹发货。

③采用多包裹发货时,包裹数量上限为商品件数上限。

④订单管理页批量选中发货功能暂不支持已经部分发货的订单批量发货，仍需单个订单完成剩余部分发货。

⑤Excel批量发货暂不支持一单多包裹发货，同一个主订单号只能对应一个包裹。

⑥若上传的运单号的揽收时间早于订单支付时间，或者面单上的收件人电话或地址信息和订单上的不一致，平台将会阻断发货，因此商家要按照正常流程操作发货，切勿线下先发出包裹，未及时在系统操作发货动作，这会导致发货后，客户修改收件地址，使得收件人电话＆地址信息不一致，导致无法发货；另一种情况是在ERP系统修改了收件地址，并未调用平台提供的改地址接口功能，面单信息正确，订单上的地址信息有误，也会导致无法发货。

三、客户管理

抖店的客户管理操作主要有IM即时联系客户，可以在"订单管理"页面的订单列表中，点击"联系ta"即可向对应客户发起IM会话。在订单详情页，收货信息处也可以点击"联系买家"发起IM会话，如图4-15所示。

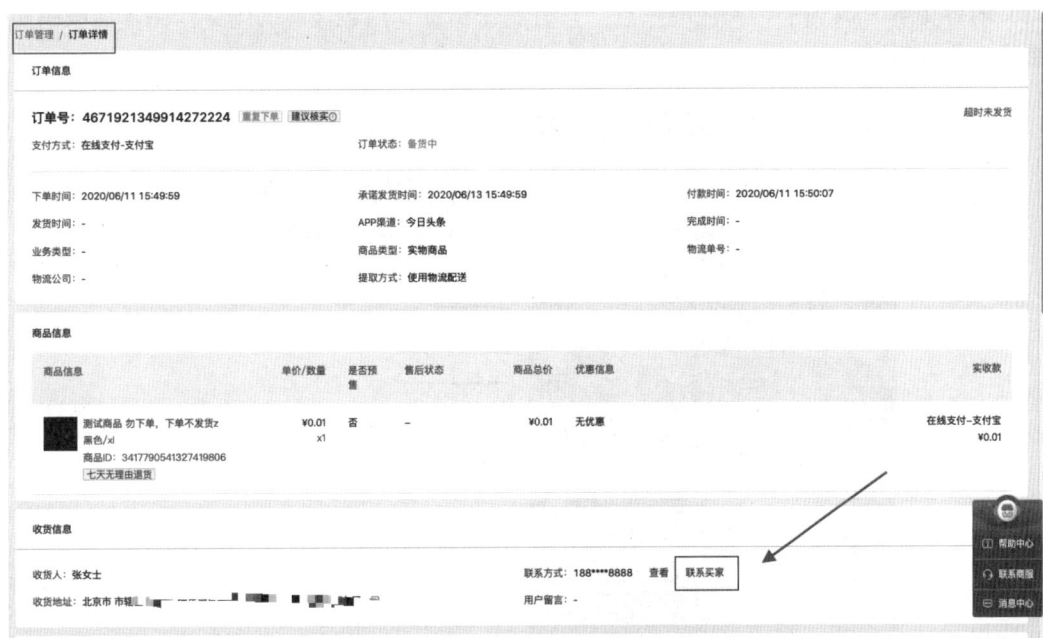

图4-15 抖店后台联系买家页面

在抖音和头条App中，客户在登录状态下购买的近一年的订单，商家可以通过"联系买家"功能联系到下单客户。其他App产生的订单，或客户未登录App，或超过1年的订单，订单页面都不展示"联系买家"功能。店铺类型为总分店店铺的商家，总店后台的订单页面不展示"联系买家"功能，分店后台的订单页面才会展示"联系买家"功能。若登录商家后台的账号没有开通IM功能，则在操作"联系买家"时，系统会提示没有权限，需找主账号开通对应权限。

🖱 任务四　网店推广

一、图文推广

打开抖音 App，一般默认进入首页，点击页面下方的"+"号，进入下一页后，点击"相册"选择需要使用的图片，可以在页面的右上角选择"多选"或"取消多选"，这样就可以选择多张图片轮播，然后在如图 4-16 左侧页面，在页面的最上方可以为图片选择合适的音乐。在页面的右侧可以进行设置、音乐卡点、调整图片大小、文字（添加或者调整字体或颜色等）、挑战、贴纸、标记、滤镜、画质增强等多项操作，各项设置完毕后点击"下一步"按钮，则跳转到如图 4-16 所示的右侧的页面中，可编辑封面、添加标题、添加作品描述、选择地理位置、选择公开范围以及其他设置等，然后点击"发布图文"按钮，即可发布一个图文推广作品。

自媒体时代，几乎所有的网民都可以是图文创作者，但抖音里只有粉丝量达到 1000或以上的账号才可以进行图文带货。除了纯属个人分享的需求外，抖音上的图文作品一般是为直播带货引流，通过图文作品吸引粉丝关注账号或者关注直播间。原创、优质的图文内容更容易成为平台关注的重点。只有制作精良、内容优质的图文作品才能吸引更多的客户观看。

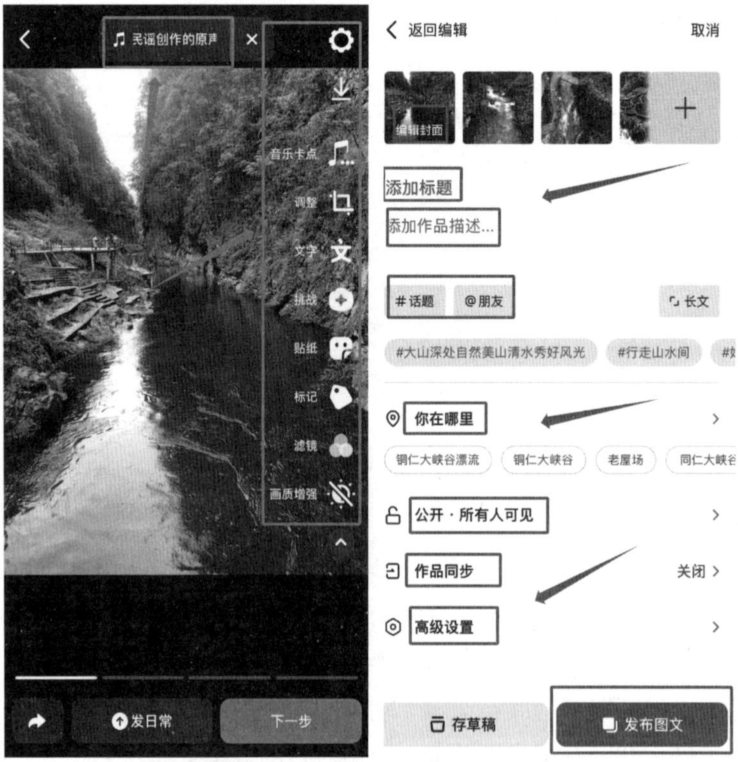

图 4-16　抖音图文编辑页面

二、短视频推广

打开抖音 App，一般默认进入首页，点击页面下方的"+"号，进入下一页后，点击

"视频"，会出现"分段拍""快拍""模板""开直播"，其中"快拍"可拍时长 15 秒内的短视频，创作者用手按住红色的圆形按钮即可进行拍摄。"分段拍"有 15 秒、60 秒、180 秒三个时长选择。屏幕的右侧栏可进行摄像头旋转、闪光灯、滤镜、美颜等的设置以进行视频的拍摄，如图 4-17 所示。

图 4-17 抖音短视频编辑页面

创作者也可以先拍好视频作品，并利用剪映 App 或其他视频编辑工具制作好视频作品，然后再打开抖音 App，选择屏幕右下角的"相册"按钮，从相册中选择需要制作的视频并上传。视频拍摄完成或相册中的视频作品上传后，与图文作品一样，创作者可以为该视频作品配上文字、选择音乐，或进行其他贴纸、特效、滤镜等相关设置，也可以选择"一键成片"自动添加音乐和各种效果，然后可以选择"发日常"或者"下一步"，添加作品描述，并根据需要进行位置、公开群体、是否同步到其他平台以及高级设置等操作后，就可以进行发布。发布后，通过平台审核，就可以在"我"的"作品"中看到发布的短视频作品了。但是，抖音平台规定只有粉丝数量达到 1000 或以上才可以进行视频带货，未达到该粉丝量的创作者只能先用短视频进行种草和吸粉。

三、直播推广

打开抖音 App，一般默认进入首页，点击页面下方的"+"号，进入下一页后，点击"开直播"，进入到如图 4-18 页面，在该页面可以为直播间进行美化或特效制作等相关操作，然后点击"开始视频直播"，便进入到直播页面了（如果是未实名认证的，需要输入真实姓名、身份证号并同意协议进行实名认证后，才可以开通直播）。

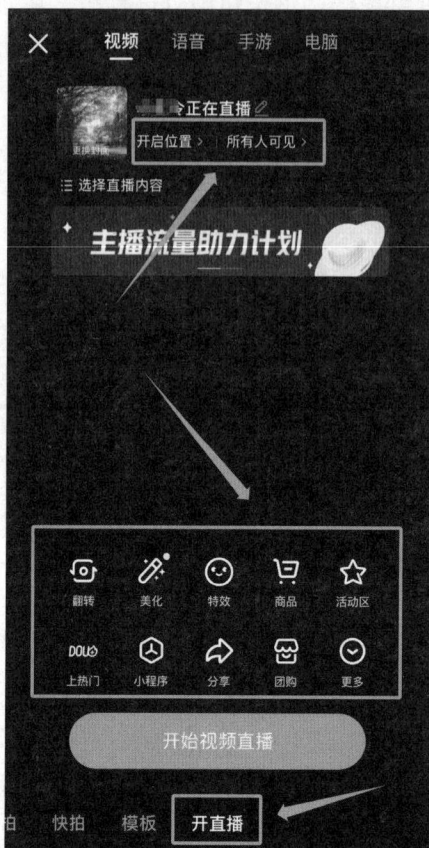

图 4-18 抖音开通直播

直播之前一定要先创建商品，上传好商品，填写好商品详情信息、价格、库存、规格、运费和售后服务等相关内容，提交审核并通过后再进行直播。

微课精讲：抖店商品橱窗管理　　　　　　　　　　　　　学习笔记

在抖音平台上，主播可以进行"连麦"，即两名主播在直播时进行连线通话。主播可以主动向其他主播发起连麦，也可以接受其他主播的连麦邀请。连麦的应用场景主要有账号导粉和连麦PK。账号导粉就是引导自己的粉丝关注对方的账号，对方也同样会引导其粉丝关注我方账号，实现互利共赢。连麦时，主播可以相互交流、点评或者引导粉丝去对方直播间抢红包福利，从而带动直播间的气氛。连麦PK也是常规的玩法，即发起对另一直播间主播的挑战。挑战一旦被接受，直播界面就一分为二，同时显示两个主播的画面，双方粉丝也会进入同一个直播间。当两个主播在直播 PK 时，双方粉丝可以通过点赞、刷礼物等方式来为自己支持的主播助威。连麦的好处诸多，包括刺激粉丝点赞、活跃直播间气氛、增强主播人气等。

任务五 运营评估

抖店的运营评估主要是利用罗盘进行数据的采集和监控，罗盘是抖音电商平台为商家提供的数据产品，包含手机端和电脑端，旨在帮助商家随时随地、方便快捷地获取数据、分析数据，包含首页、实时数据、直播、短视频、商城、榜单、商品、交易、服务九大核心功能。登录罗盘后，点击"数据"—"数据罗盘"。以抖店移动端为例，数据罗盘的首页包括昨日和今日的以下数据：成交金额、成交订单数、成交人数、直播、商品卡、商品曝光人数、图文和短视频等。图 4-19 所示为抖店数据罗盘的首页概览。点击"全部指标"，可见图 4-20 所示的数据罗盘的实时数据。罗盘的实时数据与首页实时数据保持一致，首屏展示 6 个指标，滑动后展示第 7 个指标，在每个指标下方展示详细的每个时间段数据；历史数据展示全部 12 个指标，分别为成交金额、退款金额、商品曝光次数、商品点击率、千次观看成交金额、点击—支付转化率、成交人数、成交订单数、成交件数、商品访客数、成交件单价、商品点击人数。时间周期上支持筛选昨日、近 7 日、近 30 日、自然日、自然月，最长支持查看近 1 年数据。

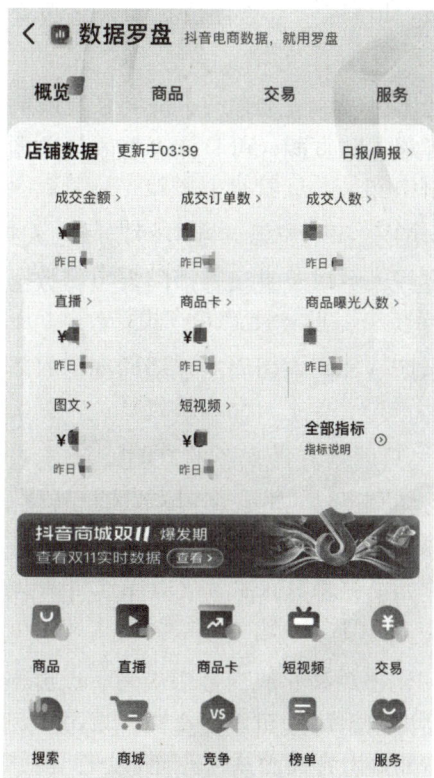

图 4-19 移动端数据罗盘概览

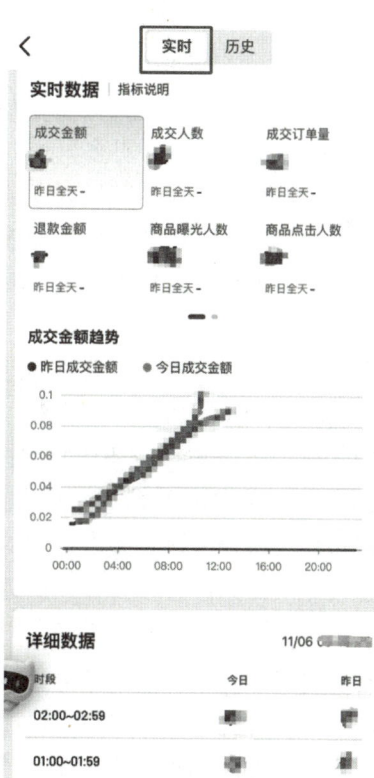

图 4-20 抖店罗盘实时数据

数据罗盘的历史数据，可以选择查看近期内的历史数据，包含成交金额、退款金额、商品曝光次数、商品点击率、前次观看成交金额和点击—支付转化率等，还能通过曲线图查看成交金额趋势。

罗盘移动端直播模块主要包含直播首页和直播详情页两大模块。直播首页包含搜索框、直播概览、直播间列表三块数据。搜索框支持搜索账号名和抖音号，直播概览展示当前直播数据，点击更多可查看直播日历。直播间列表含自播直播间和达播直播间。直播详情页包含数据看板、实时在线人数、数据流量趋势、直播商品、用户画像五部分数据，可以多维度分析直播具体效果。

直播概览展示当前时间的直播数据，含自播和达播直播间数据，点击更多可查看直播日历。直播概览包含了直播期间成交金额、直播间数量和观看人次等数据信息。直播概览的作用是：商家可通过直播概览模块实时数据监控感知自己直播间的整体数据情况，对比往日数据，根据经验和依据数据及时调整直播节奏，优化直播策略，进而把控整体直播节奏和目标。在直播首页点击"直播概览"模块"更多"进入直播日历，可查看当月每日直播间成交金额、直播间数量、观看人次等数据，可对每日数据进行对比分析，把控整体直播节奏。在"直播日历"中选择任一天数据，点击右侧按钮即可进入全部直播间（直播间列表），展示当日所有自播和达播直播间数据情况。

直播详情页数据看板模块可展示所选择的直播间的成交金额、流量效率、互动数据、商品转化率、售后数据等多个指标数据。默认展示直播详情页的核心数据，点击"查看全部"可查看全部指标的数据表现。

第一，实时在线人数。实时在线人数趋势图可展示所选择的直播间在直播期间的实时在线人数，点击右侧查看更多可进入实时在线人数页面，可具体查看人气数据、互动数据。

第二，人气数据。人气数据趋势图可展示所选择的直播间在直播期间的人气情况，可根据累计观看人数、最高在线人数、平均在线人数以及进出直播间人数等数据表现来识别人气情况。

第三，互动数据。互动数据趋势图可展示所选择的直播间的互动情况，如新增粉丝数、评论次数等。

第四，数据流量趋势。数据流量趋势模块只展示流量来源的TOP3，点击查看"更多"可进入流量来源详情页查看直播期间的流量来源趋势图、各环节流量转化效率图，并且区分免费、付费流量来源，分别展示各付费渠道和免费渠道的流量情况。数据流量趋势模块只展示自播直播间的流量来源情况，如果想看具体流量来源详情信息，可至PC端查看。

第五，直播商品。直播商品模块只展示转化率最高、成交金额最高、点击率最高的3种商品，点击查看"更多"可进入直播商品详情，可按照成交金额、点击率、点击成交转化率3个维度从高到低排序查看直播期间的所有直播商品情况。

第六，用户画像。用户画像模块可按照看播用户、成交用户分别从年龄、性别、地域3个维度来了解用户画像信息。点击查看"更多"可进入用户画像页面，可具体查看看播用户或者成交用户的性别分布、年龄分布以及Top10地域分布等详细信息。

第七，直播间战报。直播间战报包括直播账号信息、数据指标、本场直播中成交金额TOP3的商品。

第八，直播诊断。直播诊断是指将直播间整体成交结算表现拆解为直播间曝光次数、曝光—成交转化率、每笔单价3个维度，帮助商家在单场直播复盘时，快速定位该场直播在行业中所处水平、优劣势及自动诊断归因问题的数据功能。

此外，数据罗盘还有关于短视频账号下的数据展示，包括新发布视频、被访问视频和带货商品数。短视频的核心指标包括短视频观看次数、商品曝光次数、成交金额、千次观看成交金额和引流直播间次数等。短视频观看次数也将用曲线图直观地展示出来。图文所展示的核心指标则包括观看次数、点赞次数、评论次数、成交金额、引流直播间次数和成交订单数等。

除了数据概览外，还有关于成交商品数据、交易数据和服务的相关数据。每一部分的数据都细分化，例如服务数据由"本店体验分"体现，罗盘中显示"较前日"情况，以及是否高于同行水平，具体的指标包括商品体验、物流体验、服务体验、差评率、品质退货率以及投诉率等。

总之，抖店数据罗盘为抖音电商官方权威多视角全方位统一的数据平台，旨在帮助达人、商家及机构在抖音生态建立稳定的经营模式，从内容流量、商品供应链及用户私域三大命题出发，为各个角色在内容提升、服务提升、流量投放、选品营销、人群转化等各个方面提供智能化数据指导与分析支持。

【知识链接】

一、图文推广

图文推广是网店最常见的推广方式之一，海报、广告轮播、详情页等图文都可看作图文推广的方式。高质量的图文内容能够吸引客户的注意，引发客户的购物兴趣。图文的呈现形式多种多样，既有商务类的详情页图文，也有问答形式的图文呈现；既有社区类种类数量繁多的图文，也有专业类的图文；既有公众平台的图文，也有私域平台的图文。

1.图文推广的概念和作用

图文推广是互联网平台上的一种推广方式，将文字、图片与推广目标相结合，以吸引客户的注意力和兴趣，从而达到推广目的的一种营销方式。图文推广可以帮助客户更直观地了解推广内容，增加客户的参与度和购买意愿，同时可以提高品牌或产品的曝光度和知名度。图文推广可以采用多种形式，例如发布产品介绍、使用教程、品牌故事、客户评价等内容，通过图片和文字的组合展示，形成有吸引力的推广作品。

图文推广也可以将单张或多张图片制作成短视频，可以在短视频中加上一些需要表达的文字、音乐、特效等，让图文内容更丰富，增加图文的吸引力。图文形式是最简单的一种短视频呈现形式，基本上不需要进行视频拍摄和复杂的后期制作，可用于创作者分享日常生活、旅游，也适用于干货知识分享、好物推荐等。

图文的受众广泛，覆盖面广，不同的图文内容受众画像不同。当客户在互联网上进行一系列的行为时，客户行为所产生的各项数据指标，例如浏览、评论、点赞、购买等行为会被平台以数据的形式所记录，进而形成目标客户的画像。平台通过与该客户的互动内容进行比对分析，会给该客户贴上相应的标签。这些标签是该客户兴趣偏好的一个体现，这些标签和数据能够帮助网店商家了解产品和图文内容的受众情况，做出更优的决策。

2.图文推广的技巧

为了更好地提升图文推广效果，在抖音上进行图文推广时，有以下技巧可供借鉴。

①精选图片：选择高质量、有吸引力的图片，能够吸引客户的注意力。

②优质文案：用简洁明了的文字来描述推广内容，突出产品或品牌的特点和优势。

③视觉冲击：将文字与图片相结合，通过配色、排版等方式创造出视觉冲击力，吸引客户的眼球。

④引起共鸣：通过内容设置和情感化表达，与客户建立情感联系，引起共鸣，增强客户对推广内容的认同感。

⑤增加互动：鼓励客户参与互动，例如留言、转发、点赞等，增加客户参与度和提升推广内容的传播效果。

3.图文推广的注意事项

为了提高图文推广的效果，图文推广过程中有如下注意事项。

①内容真实可信：图文推广内容应真实、可靠，避免夸大宣传和虚假宣传。

②推销适度：避免过度推销和强行营销，以免引起客户的反感。

③避免侵犯版权：避免使用未经授权的图片和文字，以免侵犯他人的版权权益。

④提升标题吸引力：给推广作品的标题起一个吸引人的名字，能够增加客户点击和阅读的欲望。

⑤匹配目标客户：根据推广目标和产品特点，选择与目标客户匹配的图文内容，提高推广效果。

⑥更新内容，及时互动：图文营销信息要定期更新，积极与评论留言的客户互动，及时回复信息，让客户感受到重视，并及时获得期望的信息。

此外，图文推广应该注意遵守法律，熟悉规则。图文内容要符合社会主义核心价值观，要遵守国家法律法规，图文资料的引用要尊重版权、署名权等各项法律法规。要熟悉平台规则，对于一些平台禁止的信息和要求要遵守。

二、短视频推广

短视频推广是对图文推广的一种有益补充。优质的短视频内容可以借助社交媒体的渠道优势实现快速传播，使客户接收到的内容更加生动、立体，其包含的信息量更大。当下，短视频推广是深受网店商家喜爱的内容推广形态。

1.短视频推广的概念和作用

短视频是一种视频长度以秒计算，主要依托于移动智能终端实现快速拍摄、编辑，并可在社交媒体平台上实时分享并吸引客户关注和兴趣，从而达到推广目的的新型视频形式。

短视频推广可以通过生动有趣的短视频内容，快速吸引客户的关注和兴趣，提高客户的参与度和购买意愿，同时可以扩大品牌或产品的曝光度和知名度。

2.短视频推广的技巧

①借助热点发布。热点内容通常具有天然的高流量，特别是那些低门槛、高共鸣、新观点、反常态的热点，很容易引发客户情绪共鸣。短视频的创作者在发布短视频时要紧跟时事热点创作短视频，这样更容易获得较高的关注度。但在借助热门话题的同时，还要注意深挖话题，实现客户信息增量，凸显品牌特征。对于突发的热点事件或者话题，创作者要及时创作和发布与突发热点相关的短视频，这样有可能获得非常大的浏览量。突发热点是不可预测的，发布这类短视频要注意时效性，速度一定要快。短视频创作者如果预先判断某个事件可能会成为热点，也可以以此为主题提前创作短视频并及时发布。

②选择与目标客户关联度高的内容。每个人都对跟自己生活关联度高的人、事、物更感兴趣，也更乐于浏览、讨论和传播。每个短视频账户都有自己的定位，面向不同的目标人群，而不同的目标人群其关注点是不同的。例如：目前"95后""00后"青睐二次元，如动漫周边以及cosplay（角色扮演）等；母婴群体关注的是早教、辅食、健康喂养等。选择与目标人群高度关联的内容制作短视频，更容易引起关注。了解目标人群的核心需求，建立人格化品牌形象，才能找到引爆点。发布时可以添加适当的标签，让短视频在推荐算法的计算下，将短视频推送给目标客户，获得更多的有效曝光。

③持续输出优质的内容。客户最初往往会选取一些流传度较广的娱乐性短视频。但

最终能留住客户的，则是更具备垂直性、有深度的短视频内容，即要在某个领域内深入挖掘内容。内容流于表面的短视频很容易被他人取代，难以形成稳固的客户群体结构。因此，在短视频策划阶段，一定要明确主题定位，在所选取的垂直领域不停地输出相似但不尽相同的优质内容，强化品牌的人格化形象，树立更坚固的品牌形象。

④选择合适的发布时间段。通常来说，创作者发布短视频有4个"黄金时间段"可以选择，分别是6:00—8:00、12:00—14:00、18:00—20:00、21:00—23:00。当然，不同类型、不同主题内容的短视频也有不同的黄金发布时间。比如搞笑类的视频一般适合在中午12点到下午2点之间发布，因为这个时间是大多数人的午餐时间，乐意刷搞笑视频放松休息。萌宝萌宠类的视频一般适合在晚上8点至9点之间发布，宝妈们喜欢在忙碌了一天之后在短视频平台上寻找各种创意和育儿视频。所以，创作者需要综合多种因素来选择短视频的发布时间。

⑤其他技巧，包括发布短视频时使用同城发布、定位发布功能以及"@"功能。发布短视频时选择"同城发布"和"定位发布"，可能为短视频带来意想不到的流量。使用"@"功能，想让哪个客户看到自己发布的短视频，就可以在发布时"@他"，让自己关注的人和关注自己的人第一时间看到，也可以提升短视频的播放量。

3.短视频推广的注意事项

①注意短视频的发布频率。短视频的发布时间可以形成固定的时间规律，这样粉丝也能习惯性地关注和观看短视频。比如创作者可以形成每天晚上8点发布短视频的习惯。要注意控制短视频的时长，一般在15秒到60秒之间，避免过长影响客户观看体验。

②注意短视频的质量。在创作短视频时，保证短视频的质量和清晰度，避免模糊不清或者画面抖动等问题。要注意短视频中不能出现水印，且题材和文字中不能出现敏感词。另外还要遵守平台的规则，避免违规。

③注意短视频标签的设置。设置标签时可以适当结合热点，有利于增加短视频曝光的可能性，提高浏览量。但不能为了追求流量毫无底线，为蹭热度而蹭热度，这样容易引起客户的反感。

三、直播推广

直播作为全新的互动传播方式，带来了互联网新浪潮的同时，也给企业带来了新兴传播媒体——直播推广。与传统营销相比，直播推广拥有全新的视频展示方式，为企业带来更全面的潜在客户。

1.直播推广的概念和作用

抖音平台提供了实时直播功能，商家可以通过直播形式展示自己或商品，与客户实时互动，吸引客户关注和提高参与度。直播可以展示多种形式的内容，如产品展示、使用演示、品牌宣传、活动推广等。通过实时直播的形式，商家可以与客户进行互动，直播提供了更真实、直观的推广体验，从而可以增加客户的参与度、黏性和购买意愿，同时可以提高品牌或产品的曝光度、知名度。

2.直播推广的技巧

为了达到良好的推广效果，直播推广需要掌握以下技巧，以更好地吸引目标客户，提高在线观看人数。

（1）打造个人IP

个人IP代表个人、企业或品牌的形象、特点，打造个人IP是直播推广中常用的技巧，其在市场上的影响力也体现了个人、企业或品牌的流量与市场价值。

①确定目标客户。带货主播IP人设要围绕直播间的目标客户而设定，因为不同类型的商品和演示方式会吸引不同年龄和性别的客户。带货主播需要对自己的风格和主要销售的商品进行分析，再针对目标客户的年龄、性别、消费习惯和偏好等有针对性地打造个人IP人设。

②塑造个性化形象。确定目标客户后，带货主播需要开始塑造个性化形象。个性化形象具体包括个性标签、服装打扮、形象设计和个性化口号。一个清晰的个性标签可以让客户更好地了解主播，例如搞笑、智慧、博学等，这有助于客户形成对主播的印象。主播的服装和打扮应该与其销售的商品和个性标签相匹配。形象设计包括logo、配图、昵称等，要让这些元素体现出主播的个性和特点。最后，再配上一个个性化的口号，体现出主播与众不同的个性和价值观，提升客户的记忆性，增加自己商品推销的成功率。

③通过社交媒体进行宣传推广。主播可以在各大社交媒体发布有关其销售产品的视频、照片，同时也要对每个商品进行宣传介绍和评分。平时还可以通过与明星或其他带货主播进行互动宣传和合作的方式，吸引更多的客户和粉丝。

④不断创新和更新内容。为了吸引客户，保持新鲜感，带货主播应当不断地创新和更新自己的内容。尝试不同的产品，发挥自己的想象力和灵感，不断研究市场趋势，总结客户需求，换句话说就是，在与客户脱离联系之前，带货主播要有多元化的态度及其个性化的个人风范。

总之，成功的带货主播要有可触及的、具有共鸣意义的、可信度高的个性品牌形象和个性化的形象设计，通过不断地创新来吸引粉丝，与粉丝互动，并合理运用社交媒体进行宣传。

（2）构建直播场景

搭建一个整洁、舒适而美观的直播间，能够给客户良好的第一印象，会直接影响客户观看直播的体验。确保直播设备的质量和稳定性，例如摄像头、麦克风等，避免影响直播效果。直播间的背景根据直播内容而定。室内直播的背景通常更偏爱于浅色，或以纯色为主，以便凸显主播或者主题。室外直播可以以现场自然场景为背景，也可以搭建实体背景。直播间的灯光能起到衬托主播、烘托直播间的氛围，因此要注意灯光的选择和摆放，好的灯光布置可以提升客户的视觉体验。

（3）吸引目标粉丝

提前策划，准备好直播内容和互动环节，确保直播过程有条不紊、流畅有趣。通过直播形式展示产品或品牌的特点和优势，让客户更直观地了解和体验，增加购买欲望；鼓励客户参与互动，例如点赞、留言、抽奖等，增加客户参与度和推广内容的传播效果；与客户建立情感关联，通过情感化的表达方式，引起共鸣，增强客户对推广内容的认同感。

（4）开展合作增流

主播只靠自己直播推广的效果有限，可以通过与其他直播间连麦互动或者PK比赛等方式为自己的直播间增加流量。主播可以与其他直播间的主播进行账号互推，借助两人的影响力将直播进一步推广出去。主播也可以邀请领导参加直播，尤其是有一定知名度的领导能够为直播内容背书。这样不仅能提高直播的影响力，还能拉近与客户之间的距离，增强客户的信任感。

3.直播推广的注意事项

在直播时，有些"红线"是绝对不能触碰的，否则直播间将会面临处罚。以下是直播推广时需要注意的事项。

①不能使用绝对化用语。例如，"全网最低价""最高级""最好""首次""100%"等这些绝对化、极限化的用语，很可能涉嫌虚假宣传和虚假信息，应该尽量用一些客观直述的语言。当然，也不要去贬低同行直播间或者在直播中使用 些不雅词汇。

②不要使用国家、政府名义。除非特殊情况，否则直播时所用的语言、图片、视频或音频等素材中不要使用国旗、国徽、国歌、带有国界线的地图和人民币等。除非必要，否则直播时不要涉及国家或政府的相关内容。

③不要有虚假信息。直播内容应真实、可靠，避免夸大宣传和虚假宣传，避免过度推销和强行营销，以免客户产生反感。不能宣传无法查证或没有依据的内容，不能误导、欺骗、影响他人的消费和购买行为。使用的各种素材要有来源，真实可靠。要看数据是不是官方公开可以用的，还要取得同意和授权。

④不要有低俗的互动。用适当的方式互动以促进客户选购商品是可以的，但是切不可使用攻击、诋毁、谩骂或骚扰等方式进行互动。主播直播过程中全程不能吸烟，不要涉及三俗话题，也不要通过图片、动作、语言做低俗暗示。

⑤不能泄露隐私。在直播过程中，注意保护自己和客户的隐私权，避免泄露个人信息。

微课精讲：直播违禁词　　　　　　　　　　　学习笔记

_____

_____

_____

【评价反馈】详见表 4-3、表 4-4、表 4-5 和表 4-6。

表 4-3　个人自评打分表

班级			姓名		日期	年　月　日
评价指标	评价内容				分数	分数评定
信息检索	能有效利用网络、图书资源、工作手册查找有用的相关信息等；能用自己的语言有条理地去解释、表述所学知识；能将查到的信息有效地传递到工作中				10 分	
感知工作	熟悉作图步骤，认同工作价值；在工作中能获得满足感				10 分	
参与态度	积极主动参与工作，能吃苦耐劳，崇尚劳动光荣、技能宝贵；与教师、同学之间相互尊重、理解、平等；与教师、同学之间能够保持多向、丰富、适宜的信息交流				10 分	
	探究式学习、自主学习不流于形式，处理好合作学习和独立思考的关系，做到有效学习；能提出有意义的问题或能发表个人见解；能按要求正确操作；能够倾听别人意见、协作共享				10 分	
学习方法	学习方法得体，有工作计划；操作技能符合规范要求；能按平台要求正确操作；获得了进一步学习的能力				10 分	
工作过程	遵守管理规程，操作过程符合平台管理要求；平时上课的出勤情况和每天完成工作任务情况；善于多角度分析问题，能主动发现、提出有价值的问题				15 分	
思维态度	能发现问题、提出问题、分析问题、解决问题、创新问题				10 分	
自评反馈	按时按质完成工作任务；较好地掌握了专业知识点；具有较强的信息分析能力和理解能力；具有较为全面严谨的思维能力并能条理清楚、明晰地表达成文				25 分	
个人自评分数						
有益的经验和做法						
总结反馈建议						

表 4-4　小组自评打分表

班级		组名		日期	年　月　日
评价指标	评价内容			分数	分数评定
信息检索	能有效利用网络、图书资源、工作手册查找有用的相关信息等；能用自己的语言有条理地去解释、表述所学知识；能将查到的信息有效地传递到工作中			10 分	
感知工作	熟悉作图步骤，认同工作价值；在工作中能获得满足感			10 分	
参与态度	积极主动参与工作，能吃苦耐劳，崇尚劳动光荣、技能宝贵；与教师、同学之间相互尊重、理解、平等；与教师、同学之间能够保持多向、丰富、适宜的信息交流			10 分	
	探究式学习、自主学习不流于形式，处理好合作学习和独立思考的关系，做到有效学习；能提出有意义的问题或能发表个人见解；能按要求正确操作；能够倾听别人意见、协作共享			10 分	
学习方法	学习方法得体，有工作计划；操作技能符合规范要求；是否能按平台要求正确操作；获得了进一步学习的能力			10 分	
工作过程	遵守管理规程，操作过程符合平台管理要求；平时上课的出勤情况和每天完成工作任务情况；善于多角度分析问题，能主动发现、提出有价值的问题			15 分	
思维态度	能发现问题、提出问题、分析问题、解决问题、创新问题			10 分	
自评反馈	按时按质完成工作任务；较好地掌握了专业知识点；具有较强的信息分析能力和理解能力；具有较为全面严谨的思维能力并能条理清楚、明晰地表达成文			25 分	
小组自评分数					
有益的经验和做法					
总结反馈建议					

表4-5 小组间互评表

班级		被评组名		日期	年 月 日
评价指标	评价内容			分数	分数评定
信息检索	该组能有效利用网络、图书资源、工作手册查找有用的相关信息等			5分	
	该组能用自己的语言有条理地去解释、表述所学知识			5分	
	该组能将查到的信息有效地传递到工作中			5分	
感知工作	该组熟悉作图步骤,认同工作价值			5分	
	该组成员在工作中能获得满足感			5分	
参与态度	该组与教师、同学之间相互尊重、理解、平等			5分	
	该组与教师、同学之间能够保持多向、丰富、适宜的信息交流			5分	
	该组能处理好合作学习和独立思考的关系,做到有效学习			5分	
	该组能提出有意义的问题或能发表个人见解;能按要求正确操作;能够倾听别人意见、协作共享			5分	
	该组能积极参与,在网店创建、装修、运营推广过程中不断学习,综合运用网店运营的能力得到提高			5分	
学习方法	该组的工作计划、操作技能符合规范要求			5分	
	该组获得了进一步发展的能力			5分	
工作过程	该组遵守管理规程,操作过程符合平台管理要求			5分	
	该组平时上课的出勤情况和每天完成工作任务情况			5分	
	该组成员能按时完成网店运营和推广的相关作品,并善于多角度分析问题,能主动发现、提出有价值的问题			15分	
思维态度	该组能发现问题、提出问题、分析问题、解决问题、创新问题			5分	
自评反馈	该组能严肃认真地对待自评,并能独立完成自测试题			10分	
互评分数					
简要评述					

表4-6 教师评价表

班级		组名		姓名	
出勤情况					
评价内容	评价要点	考察要点		分数	分数评定
1.任务描述、接受任务	口述内容细节	（1）表述仪态自然、吐字清晰		2分	表述仪态不自然或吐字模糊扣1分
		（2）表达思路清晰、层次分明、准确			表达思路模糊或层次不清扣1分
2.任务分析、分组情况	依据平台要求尺寸和标准	（1）分析平台网店作品要求的关键点准确		3分	表达思路模糊或层次不清扣1分
		（2）涉及理论知识回顾完整，分组分工明确			知识不完整扣1分，分工不明确扣1分
3.制订计划	制作装修和推广素材	装修和推广素材数量和规范（包括标题、尺寸、美观、营销要素等）		5分	一处表达不清楚或层次不清扣1分，扣完为止
	制订营销计划和运营管理规范	制订营销计划；制定成员管理规范		10分	营销计划内容缺少一项扣1分，成员管理规范不合理的地方一处扣1分，扣完为止
4.计划实施	装修素材	（1）网店创建、店标LOGO设计制作		5分	每漏一项扣1分
		（2）店招设计与制作			尺寸不符或信息有误扣1分
		（3）横幅广告设计与制作			轮播图片不满3幅扣1分
	营销计划	（1）商品准确发布与管理		5分	每有一个信息错误扣1分，扣完为止
		（2）营销方案合理		5分	营销方案符合企业实际，每有不合理处扣1分
		（3）营销作品呈现		40分	
	运营管理	（1）网店整理美观大方，风格与产品和企业形象相符合		3分	
		（2）员工分工明确，任务搭配合理		2分	
5.检测	产品图片详情页信息	图片规范、信息准确度		5分	错一个扣1分
6.总结	任务总结	（1）依据自评分数		2分	
		（2）依据互评分数		3分	
		（3）依据个人总结评分报告		10分	依据总结内容是否到位酌情给分
合计				100分	

【思考与练习】

1. 单选题：以下说法错误的是（　　）。

A.图文推广内容应真实、可靠，避免夸大宣传和虚假宣传。

B.图文推广要避免过度推销和强行营销，以免引起客户的反感。

C.图文推广要避免使用未经授权的图片和文字，以免侵犯他人的版权权益。

D.为了吸引更广泛的人群，图文推广不应该局限于某一偏好的人群，图文内容要做到老少皆宜。

2. 单选题：直播不能使用绝对化的语言，以下不属于绝对化语言的是（　　）。

A.90%　　　　　　　　　　　B.首次

C.最高级　　　　　　　　　　D.全网最低价

3. 多选题：为了更好地提升图文推广效果，在抖音上进行图文推广时，可以使用以下技巧（　　）。

A.精选图片　　　　　　　　　B.优化文案

C.引起共鸣　　　　　　　　　D.增加互动

4. 多选题：短视频推广的技巧包括（　　）。

A.借助热点发布　　　　　　　B.选择与目标客户关联度高的内容

C.持续输出优质的内容　　　　D.选择合适的发布时间段

5. 多选题：直播推广时需要注意的事项包括（　　）。

A.不能使用绝对化用语　　　　B.不要使用国家、政府名义

C.不要有虚假信息　　　　　　D.不要有低俗的互动，更不能泄露隐私

6. 多选题：为了达到良好的推广效果，直播推广需要掌握（　　）技巧，以更好地吸引目标客户，提高在线观看人数。

A.打造个人IP　　　　　　　　B.构建直播场景

C.吸引目标粉丝　　　　　　　D.开展合作增流

7. 掌握抖店图文推广的方法和技巧，能够为自己的抖店量身定做相应的图文推广作品。

8. 掌握抖店短视频推广的方法和技巧，能够为自己的抖店量身定做相应的短视频推广作品以引流吸粉。

9. 掌握抖店直播推广的方法和技巧，能够为自己的抖店做直播推广，打造个人IP，构建直播场景，开展直播合作，吸引目标用户粉丝，为带货引入尽可能多的流量。

项目四练习参考答案

ITMC电子商务综合实训与竞赛

【任务描述】ITMC电子商务综合实训与竞赛系统（网店运营推广模块）是一种电子商务沙盘模拟系统，包含有租赁办公楼、库房管理、市场调研、广告、物流配送等各种项目任务，通过建站或者在淘宝店铺做销售，让学生更直观了解网络营销的流程，对于店铺的经营也有一定的认识。ITMC电子商务综合实训与竞赛系统是全国职业院校技能大赛高职组电子商务技能赛项指定的软件，也是1+X网店运营推广职业技能证书的实训系统。本项目以仿真的电子商务企业经营管理环境和运营操作为主线，将业务流程和专业知识结合起来，使"课、证、赛"三者有机融合，让学生理解网店运营知识，掌握运营操作技能。本项目的知识链接部分则侧重于网店运营销售数据分析、客户数据分析和竞争数据分析。

【学习目标】**能力目标**

1.能够掌握ITMC电子商务综合实训与竞赛平台的入驻流程；

2.能够掌握ITMC电子商务综合实训与竞赛平台的商家规则；

3.能够掌握ITMC电子商务综合实训与竞赛平台运营与推广的基本流程，重点包括销售数据分析、客户数据分析和竞争数据分析等。

知识目标

1.了解获取ITMC电子商务综合实训与竞赛平台销售数据的方法；

2.了解获取ITMC电子商务综合实训与竞赛平台客户数据的方法；

3.了解获取ITMC电子商务综合实训与竞赛平台竞争数据的方法；

4.了解以获取ITMC电子商务综合实训与竞赛平台为代表的电商沙盘软件的业务模式以及运营和推广的规则。

素质目标

1.培养学生数据收集与分析的能力；

2.培养学生团队合作、沟通协调的能力；

3.培养学生系统思考和独立解决问题的能力。

思政目标

1.培养学生爱岗敬业、诚实守信的职业操守；

2.培养学生的创新意识和创业能力；

3.培养学生的责任意识，遵守相关行业规范。

【任务分析】网店进行宣传推广后，一般情况下会引来流量并增加销售订单，网店商家在进行交易管理、物流管理以及客户管理后，便会产生运营数据。网店商家需要对这些运营数据进行分析，以监控推广效果，协助诊断网店运营问题，为店铺制定经营决策提供支持。网店的数据分析结果是网店商家调整运营策略，制订下一期运营计划的重要依据，网店数据分析能力是网店运营管理人员必备的能力。

【任务分组】ITMC 系统将企业的组织结构进行了简化，根据网店的日常事务管理，模拟企业设置了店长、推广专员、运营主管、财务主管 4 个岗位，这 4 个岗位之间的合作对企业的经营业绩有着重要的影响。如图 5-1 所示，店长是企业的总负责人，负责公司的一切重大经营事务，如战略制定、预算管理、团队协同等，在 ITMC 系统中店长拥有所有模块的操作权限；推广专员主要负责扩大销售，具体包括市场调查分析、搜索引擎优化、关键词竞价推广、站外推广等推广工作，在 ITMC 系统中只有推广模块的操作权限；运营主管主要负责订单分发和货物签收，具体包括订单分发、物流选择、货物出库、库存管理等运营工作；财务主管主要负责财务模块的操作，控制现金流和融资等，具体包括长短贷、支付工资和各种费用、交税等。学生任务分配表如表 5-1 所示。

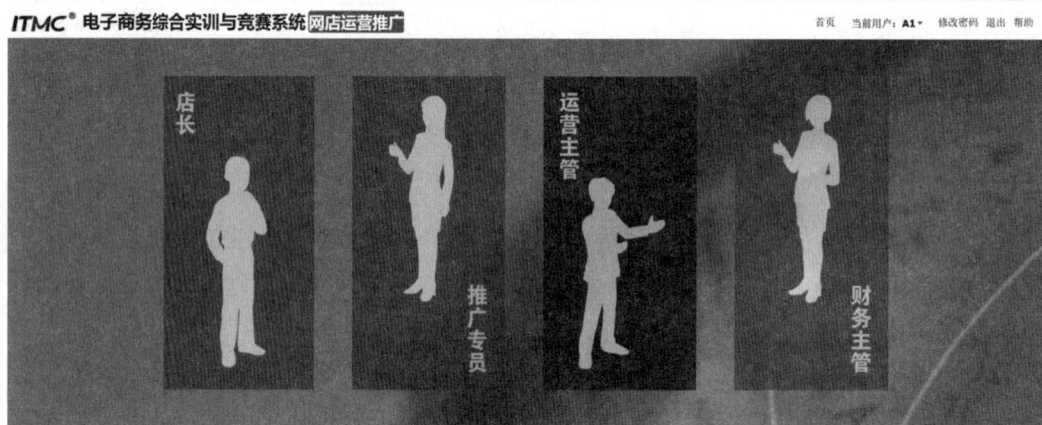

图 5-1　ITMC 系统网店运营分角色登录界面

表 5-1　学生任务分配表

班级		团队名称		指导教师	
任务分工					
团队成员	学号		负责的分任务		备注说明
店长					
推广专员					
运营主管					
财务主管					

【任务操作】

任务一　网店规划

ITMC 系统主要包括经营流程、辅助工具、经营分析和系统分析 4 个模块。经营流程模块主要由开店、采购、推广、运营、财务等 5 个部分组成，如图 5-2 所示。

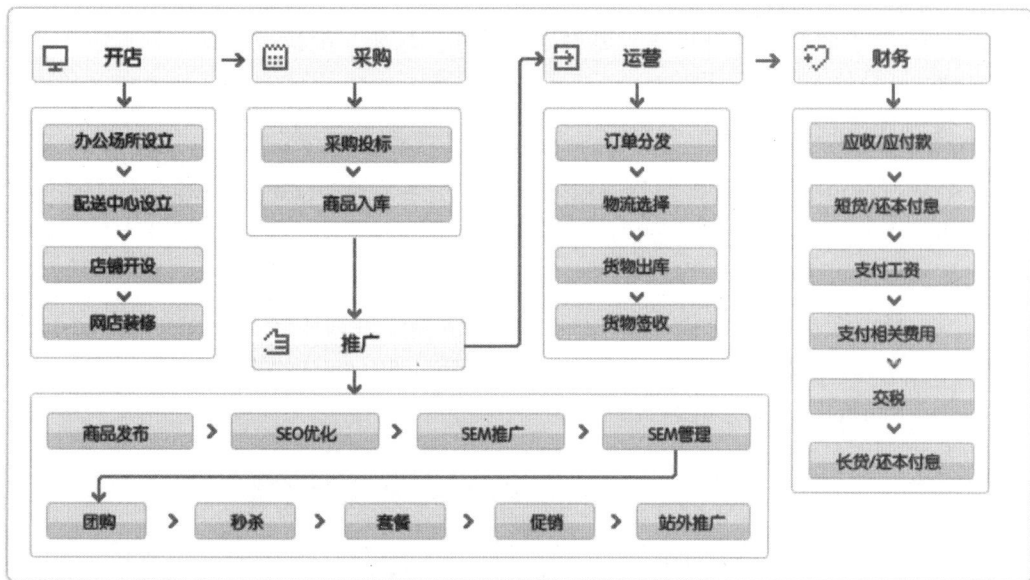

图 5-2　ITMC 系统中网店运营流程图

辅助工具模块主要包括店铺管理、员工管理、库存管理、仓库信息查询、站外推广信息、商城信息、媒体中标信息、采购中标信息、历轮订单列表、我的订单信息、物流信息查询、追加股东投资、物流线路查询、物流折扣管理、排行榜、企业信息等。经营分析模块包括市场预测图、现金流量表、财务报表、市场占有率、订单汇总统计、已交货订单统计、未交货订单统计、进店关键词分析、驾驶舱、杜邦分析等。

在进行网店的模块任务操作之前，网店的规划离不开数据魔方。数据魔方原本是淘宝官方出品的一款数据产品，主要提供行业和店铺数据分析。淘宝的数据魔方包含了品牌、店铺、产品的排行榜，以及购买人群的特征分析（年龄、性别、购买时段、地域等）。ITMC 系统的数据魔方也是重要的分析工具，包括商品的供应信息、市场需求数据和各商品的关键词数据，商家可以通过数据魔方进行市场分析定位，并分析每个关键词的相关数据，确定采购商品的数量及价格，设置商品关键词。对产品的数据进行分析时，既要了解市场的需求数据，又要了解市场的供给数据。分析关键词时，主要从关键词的几个参考指标进行分析，如展现量、点击量、转化量、点击率、转化率、平均点击单价、点击花费、搜索相关性等。在 ITMC 系统中，各模拟企业需要经营 5 轮 10 期，随着企业经营时间的推进，系统共会出现 13 种商品。这些商品在进入市场后，其销量和利润都会随着经营时间的推进而改变，从而呈现出由少到多又由多到少的一个过程。在这个过程中，有的商品进入成长期而进入市场，有的商品进入衰退期而退出市场。替代商品和新的商品出现，对老的商品的生命周期起着决定性的作用，而老的商品的生命周期又将反作用于新商品的应用和推广。商家需要利用数据魔方对每一期的商品市场需求进行分析，制订营销计划。同时，需要对每一期的市场供给数据进行分析，制订采购计划，并通过分析市场需求数据和市场供给数据，制订经营计划。

任务二　网店开设

ITMC系统中的网店开设模块主要包括租赁办公场所、配送中心设立、店铺开设和网店装修。

一、租赁办公场所

办公场所即企业员工工作办公的地方。租赁办公场所是ITMC系统设定的企业运营的第一步，需要选择办公城市、选择办公场所类型和招聘员工（即招贤纳士）等三个步骤。具体的操作步骤如下。

第一，登录进入ITMC系统，点击"经营流程"—"开店"—"办公场所设立"。

第二，在选择建设城市环节，直接在地图上选择建立办公室所在的城市，点击下一步，图5-3所示的是设立办公场所的页面。

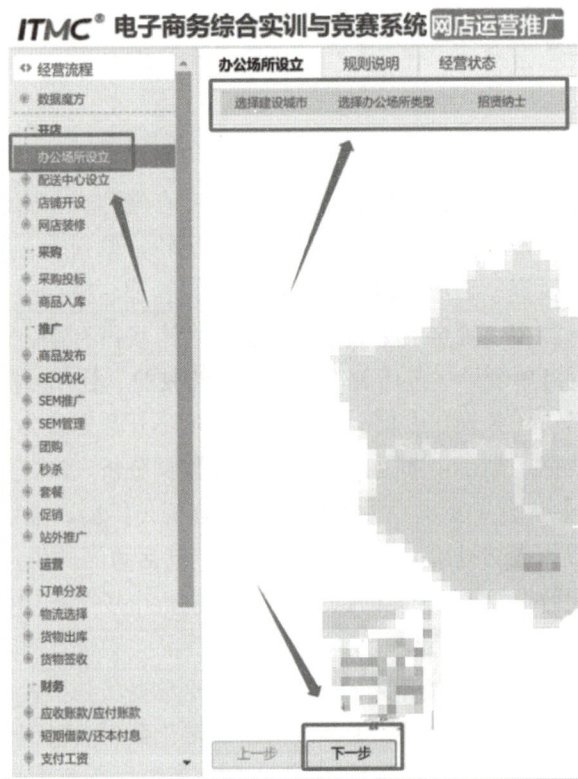

图 5-3　办公场所设立

第三，在选择办公场所类型环节，选择租赁一个办公室，点击下一步，如图5-4所示。

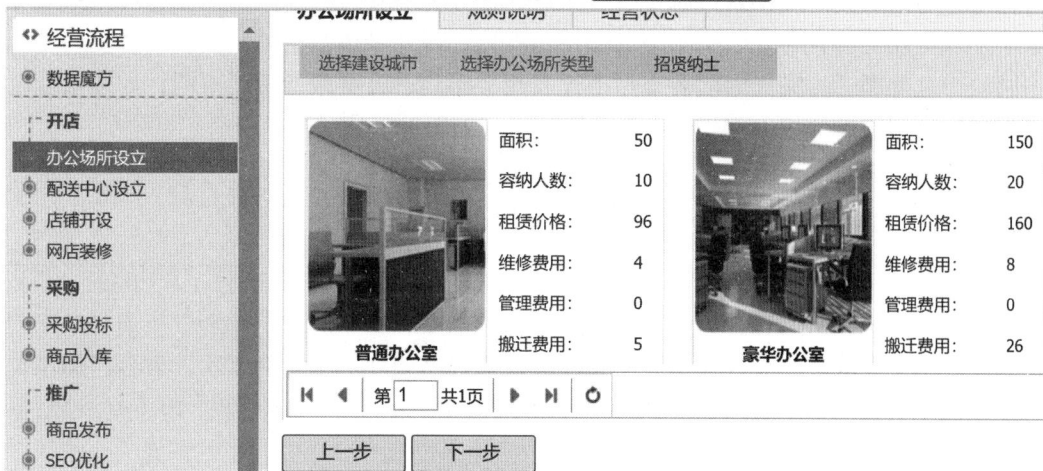

图 5-4 选择办公场所类型

第四，招聘员工，即ITMC系统里的招贤纳士环节，招聘运营经理，点击"完成"，办公场所设立就全部完成了，如图5-5所示。

图 5-5 招贤纳士

租赁办公场所需要注意的规则如下。

第一，在选择办公所在的城市时需要根据不同城市的城市影响力、租金差、工资差等信息，进行合理的规划和选择；同时需要考虑办公场所的容纳人数、租赁价格、维修费用等信息，进行综合评估。

第二，选定办公场所后，是可以进行改建和搬迁的。改建是指根据经营需求改变办公场所类型。比如普通办公室改建为豪华办公室，则需要支付租金差额。但是，如果是豪华办公室改建为普通办公室则不退还租金差额。搬迁是指根据经营需求，将办公室在不同城市之间搬迁，搬迁时需要支付搬迁费用，不同办公室搬迁费用不同，如果搬迁至租金高的城市是需补充相应差价，但如果是搬迁至租金低的城市是不退还差价的。

第三，招聘员工时要考虑员工的业务能力、工资增长率及基本工资，然后进行合理的选择，因为这关系到企业综合评价指数的计算，员工的经验值每期累加 1。

二、配送中心设立

配送中心主要功能是提供货物配备，即利用流通设施、信息系统平台对物流经手的货物，作倒装、分类、流通加工、配套、设计运输路线和确定运输方式，为客户提供量身配送服务。配送中心设立的目的是节约运输成本、保障客户满意度。以下是 ITMC 系统中配送中心设立的步骤。

第一步，点击"经营流程"—"开店"—"配送中心设立"。

第二步，点击"租赁"，弹出选择建设城市界面对话框，在地图上选择配送中心所在城市，点击下一步，如图 5-6 所示。

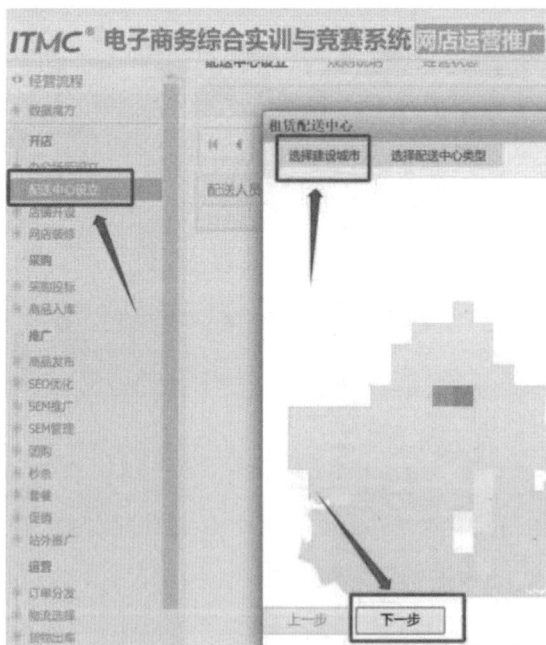

图 5-6　配送中心选择建设城市

第三步，在选择配送中心类型界面，确定仓库的体积，配送中心的类型包括小型、中型、大型、超级小型、超级中型、超级大型配送中心。

第四步，选择一名配送员和库管员，点击"完成"，即完成配送中心的设立工作。

第五步，点击"改建"，重新确定仓库的大小，点击确定，完成改建，如图 5-7 所示。

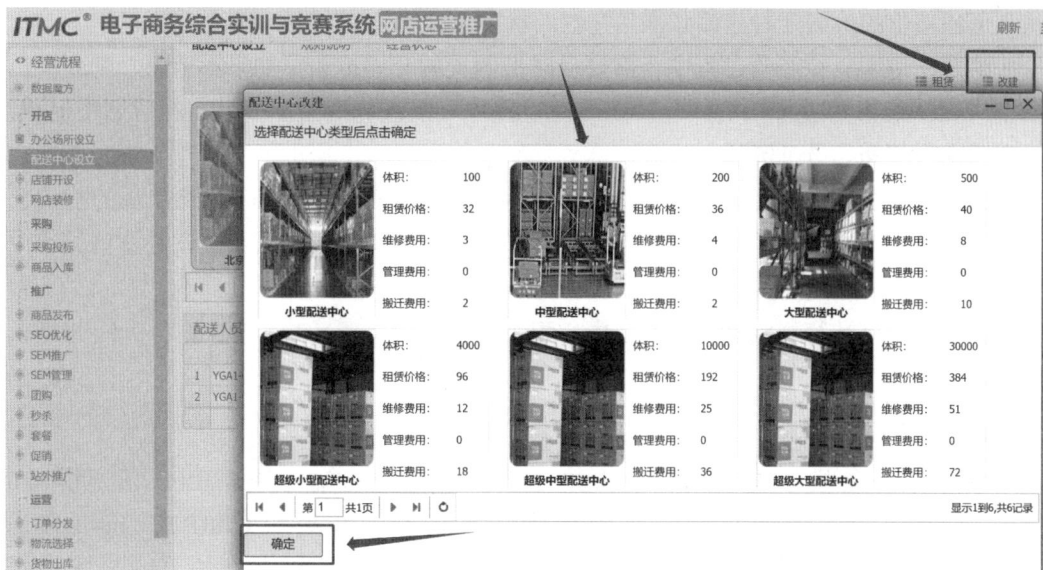

图 5-7　配送中心改建

第六步，点击"搬迁"，在地图上重新确定配送中心所在城市。

第七步，点击"退租"，退租所选择的配送中心。

第八步，点击"设配区"，可以设置配送区域，包括配送中心、配送区域和默认物流公司等设置，如图 5-8 所示。

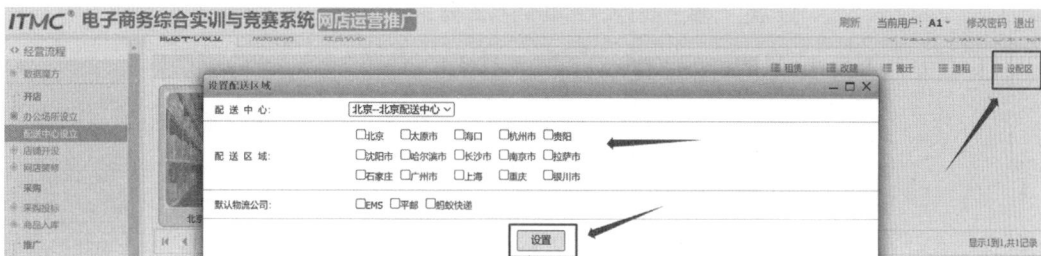

图 5-8　设置配送区域

在设立配送中心时，需要根据市场需求及不同城市的租金差、物流运费、工资差、是否支持邮寄等信息选择合适的城市设立配送中心。配送中心设立需要注意的规则如下。

第一，租赁。租赁需要根据体积、租赁价格、维修费用、管理费用及搬迁费用来选择合适的配送中心。一家企业可以在不同的城市租赁多个配送中心（每个城市只能租赁一个配送中心）；每个配送中心系统会自动创建两名员工：一名是仓库管理员，一名是配送员。仓库管理员的基本工资是 6，配送员的工资是 7。

第二，改建。配送中心改建时，如果是将体积小的改为体积大的，则需要补充租金差价；如果是体积大的改为体积小的，则是不退还租金差价的。

第三，搬迁。搬迁是指根据经营需求改变配送中心所在的城市。搬迁需要支付一定的搬迁费用，如果搬迁至租金高的城市则需补充相应差价。如果搬迁至租金低的城市则是不退还差价的，搬迁时仓库必须是空置的状态。

第四，退租。在经营过程中，需要及时把闲置的仓库退租。如果不退租，则到期后系统将默认续租并进行扣费。仓库必须为空置才可以进行退租。如果在经营期中退租，是需要支付整期人员工资的。

第五，设配区。设备区是指为每个配送中心设置默认的配送区域及默认的物流公司。如果多个配送中心选择的默认配送区域里包含若干个相同的城市，则在这些城市中按照租赁配送中心先后的顺序选择默认的配送中心。

第六，费用计算规则。每期配送中心租金＝租赁价格 ×（1＋租金差）×1；每期人员工资＝基本工资 ×（1＋工资差）×1。

三、店铺开设

ITMC系统是模拟电子商务企业的运营，系统把店铺分成B店和C店，即B2B（business to business，企业对企业的模式，类似于天猫商城）和B2C（business to customer，企业对客户的模式，类似于淘宝个人店）。

1. 开设C店

ITMC系统中开设C店是无须资金的，系统对C店的开设步骤进行了简化，只需要填写店铺名称、经营宗旨和描述三部分内容。进入ITMC系统后，点击"经营流程"—"开店"—"店铺开设"—"开设C店"，如图5-9所示。填写店铺名称、经营宗旨和描述等内容后，点击"开设C店"，则C店创建完成，如图5-10所示。

图5-9 开设C店

图5-10 C店开设结果页面

2.开设B店

ITMC 系统中 B 店的开设需要一定的周期和时间，并需要支付费用，但是流程也经过了简化，不需要后台的审核即可开设。进入 ITMC 系统后，点击"经营流程"—"开店"—"店铺开设"—"开设B店"，如图 5-11 所示。点击"B店筹建"—"筹建"。值得注意的是，B 店筹建需要 4 期的时间，因此投资 1 期后，B 店的筹建结果如图 5-12 所示，已经筹建的周期系统会用红色按钮表示，未筹建的周期则用绿色标示出来。

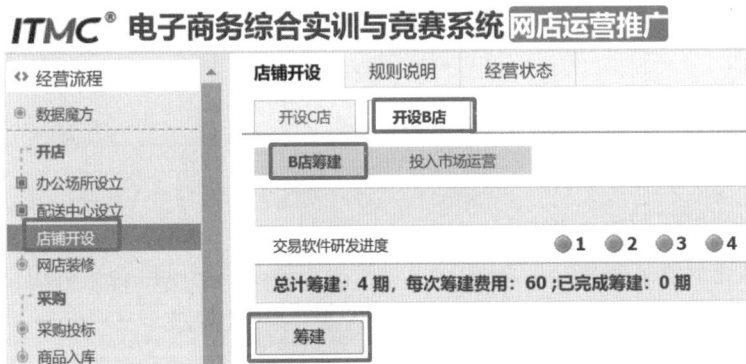

图 5-11 开设 B 店

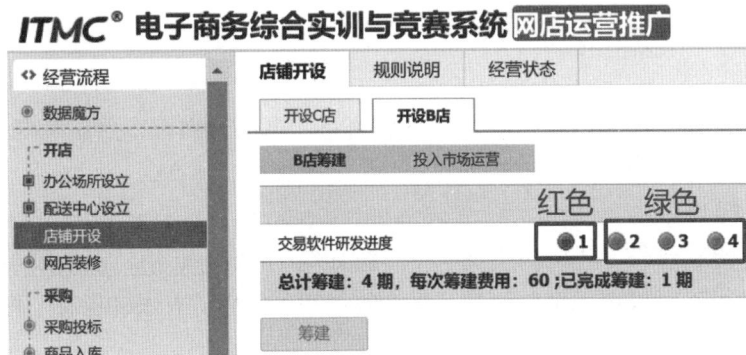

图 5-12 B 店开设结果页面

店铺开设需要注意的规则：

①C 店不可以进行站外媒体推广，并且无法获得品牌人群的客户订单。

②B 店的筹备周期需要 4 期，每期费用为 60；B 店可以进行站外媒体推广，从而获得品牌人群客户订单。

四、网店装修

网店装修可以让店铺整齐美观，吸引更多的客户进店浏览和消费，从而提高店铺的转化率。ITMC 系统对网店装修过程进行了简化，运营人员只需要花费一定的费用就可以完成网店装修。点击"经营流程"—"开店"—"网店装修"，选择需要装修的网店。点击"网店装修"，选择装修模板，如图 5-13 所示，主要有简装修、普通装修和精装修3 种，不同的装修模板视觉值、装修费用不同。

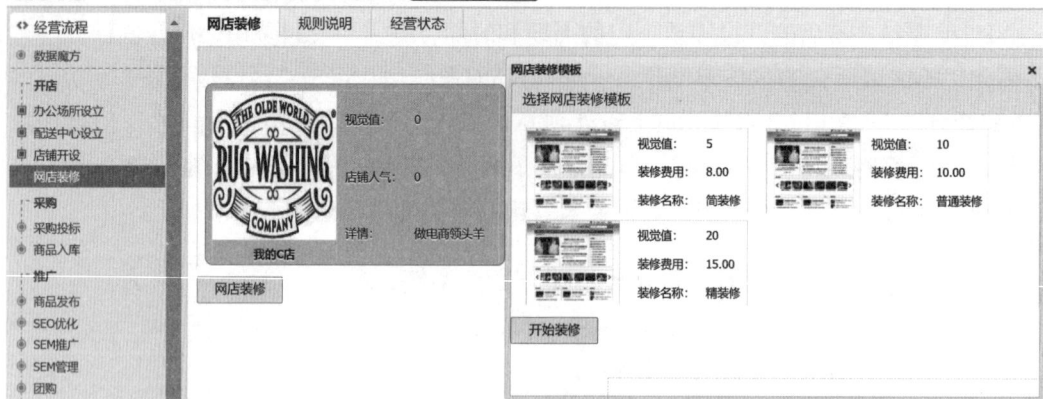

图 5-13　网店装修页面

网店装修需要注意的规则如下：

①店铺的视觉值每期都会下降 10。视觉值的高低主要影响综合人群成交。

②运营人员每期都可以根据实际需要对网店进行一次装修。

任务三　网店管理

ITMC 系统中的网店管理模块主要包括采购和运营两大模块。采购包括采购投标和商品入库，运营包括订单分发、物流选择、货物出库和货物签收。

一、采购

企业的经营都是从采购开始的，先采购商品，再进行销售，然后赚取差价是 ITMC 系统中对企业盈利设定的模式。

1.采购投标

点击"经营流程"—"采购投标"—"添加"，弹出对话框，设置采购信息，如图 5-14 所示。选填采购城市、采购商品、采购数量和单价后，点击"保存"即可完成采购投标。

图 5-14　采购投标页面

采购信息既可添加，也能删除和修改。选择一条采购信息，点击"编辑"按钮，弹出对话框，进行修改设置；选择一条采购信息，点击"删除"按钮，进行删除处理；最后，进行投标确认，如图 5-15 所示，完成采购投标。

图 5-15 采购投标完成页面

采购投标需要注意的规则如下。

第一，根据数据魔方的市场需求数据，选择合适的类目的商品进行经营，根据供应商提供商品的促销方式、数量、体积、价格制定采购投标方案，通过公开竞标的方式获得该种商品。

第二，系统自动评判中标单位。采购竞标时，同一种商品按照单位价格出价的高低依次进行交易；如果竞标价格相同，则与供应商的关系值高的优先成交；如果竞标价格相同，与供应商的关系值也相同，则媒体影响力高的优先成交；如果以上都相同，继续比较社会慈善、销售额以及投标提交的先后顺序来依次交易。

第三，同种商品一次性采购数量和信誉度都达到商家的促销方式要求，可以享受价格和账期上的优惠。

第四，在制定采购投标方案时，需要确定合适的采购城市，中标后的商品必须入库到该城市的配送中心，如果要入库其他城市的配送中心，需要先入库该城市的配送中心，再进行调拨。

2.商品入库

点击"经营流程"—"商品入库"，选择订单信息，点击"入库"按钮，选择仓库分区，如图 5-16 所示，即可完成商品入库操作。

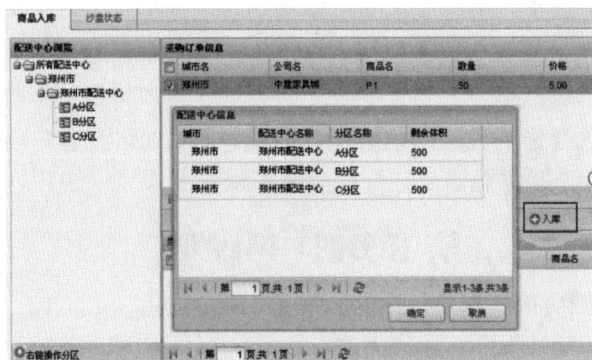

图 5-16 商品入库页面

商品入库需要注意的规则如下。

第一，只有采购投标成功的商品才能执行入库操作。

第二，只有在有配送中心的城市并且配送中心的容量大于入库商品的体积时才可以进行商品入库，采购的商品必须全部入库。

二、运营

在ITMC系统中，需要发布商品并对网店进行推广宣传后，才可以操作订单分发、物流选择、货物出库和货物签收等运营模块的操作。ITMC系统会根据商品发布和推广情况进行订单的分发，生成各家网店的订单信息，网店便进入运营阶段了。

1.订单分发

订单分发是指网店运营人员将订单进行整理、分类后，根据到达城市，选择适当的配送中心准备出库的过程。订单分发分为手动分发和自动分发两种。手动分发需要商家为每张订单选择货物出库的配送中心，自动分发则按照订单的顺序，根据配送中心已设定好的配送范围内的城市，自动选择货物出库的配送中心。自动分发可以选择全部自动分发或者分批自动分发。

2.物流选择

物流选择是指商家将已经指定配送中心的订单进行整理、分类，选择适当的物流方式准备出库。ITMC系统中的物流运输方式主要有快递、EMS和平邮。如果选择快递，则运输周期为2期，即本期发货，下期到达；如果选择EMS，则运输周期为3期，即本期发货，隔1期到达；如果选择平邮，则运输周期为4期，即本期发货，隔2期到达。物流方式选择分为手动安排和自动安排两种。手动安排需要商家为每张订单手动选择运输货物的物流方式，自动安排是按照配送中心已设定好的物流方式自动安排。自动安排可以选择全部自动安排或者分批自动安排。选择同种物流方式，达到一定数量和金额，可以享受优惠。

3.货物出库

货物出库是指根据订单的到货期限，合理安排商品出库。网店商家会按照物流路线信息自动支付物流公司实际运费。如果当前配送中心库存不足，可以进行库存调拨。

4.货物签收

货物签收是指根据不同物流方式的运输周期，在订单要求的到货期限之内到达的订单，客户会直接签收，签收后货款直接到账。3种物流方式配送的订单，货款均在签收后直接到账。如果未在订单要求到货期限之前到货，客户将拒绝签收并退货，物流运费由商家承担，并且这会影响商家的信誉度和商品评价；如果在客户要求的到货期限满后仍未发货，对商家的信誉度和商品评价造成的影响更大。

◈ 任务四　网店推广

ITMC系统中的网店推广主要包括商品发布、SEO优化、SEM推广、SEM管理、团购、秒杀、套餐、促销、站外推广等模块内容。

一、商品发布

ITMC 系统中的商品发布是指在开设的店铺中发布计划销售的商品，填写商品基本信息、商品物流信息及售后保障信息。点击"经营流程"—"推广"—"商品发布"—"发布新商品"，如图 5-17 所示。

图 5-17　发布新商品页面

发布新商品需要注意的规则如下。

第一，如果发布商品时，设为商家承担运费，则商品价格=商品一口价。如果商品价格大于市场平均价格×（1+不同人群价格浮动率），则为违规价格，违规价格系统不提示，但不能成交。如果发布商品时，设为客户承担运费，则商品价格＝（商品一口价×购买数量+总物流运费）/购买数量。如果商品价格大于市场平均价格×（1+不同人群价格浮动率），则为违规价格。

第二，不同人群（综合人群、低价人群、品牌人群、犹豫不定人群）价格浮动率由期初教师端设置。系统的默认设置为品牌人群价格上浮动 0.2（即 20%），低价人群价格上浮动 0.1（即 10%），犹豫人群价格上浮动 0.1（即 10%），综合人群价格上浮动 0.2（即 20%）。

第三，发布商品时，不管设为商家承担运费还是客户承担运费，商家都是按照实际物流信息（辅助工具菜单下面可以查询物流信息）支付物流公司实际运费。

第四，商品发布数量=库存数量+预售数量。系统允许商品预售，但是预售数量不能超过 20 件。如果产生交易，必须按照客户要求的到货期限交货，否则将承担违约责任。

第五，关于商品上/下架，系统要求商品必须上架后，才可以进行销售。

第六，关于物流运费，发布商品时商家可以选择商家承担运费或客户承担运费。客户承担运费时，商家可以创建运费模板或者直接输入各种物流方式的物流运费，客户会根据其选定的物流方式将商品一口价和总物流运费一同支付给商家。但商家可以采用任意物流方式运输（只要在客户规定的时间内到达，否则将承担退单的违约责任），配送完成后由商家支付物流公司的实际运费。商家承担运费时，客户只需将商品一口价支付给商家，配送完成后由商家支付物流公司的实际运费。

第七，创建模板时，商家可分别设置各种物流方式的默认运费及每超过一件需要增加的运费。每超过一件需要增加的运费不能高于默认运费的0.5倍。如果不创建模板，直接输入各种物流方式的运费时，此物流运费为整单（若干件）的物流运费。

第八，保修、发票会产生售后服务费用，会影响对保修有要求的人群的成交和商品绩效。

二、SEO优化

SEO优化是指搜索引擎优化，即通过优化标题关键词尽可能地匹配客户的搜索习惯，让客户搜索某个关键词时，展示与该关键词相关的商品，并取得靠前的自然排名。关键词的选取直接影响到进店流量，从而影响商品的销售额。SEO优化是用以提高自然排名的，因此是免费的。

在做SEO优化时，每个商品最多可以设置7个关键词，关键词分别用分号隔开。如果所设关键词超过7个，则保存前7个。每个关键词字数不能超过10个字。SEO优化时设置的关键词是导入自然流量的重要影响因素。

SEO商品排名得分 = SEO关键词排名得分 × 0.4 + 商品绩效得分 × 0.06，SEO商品排名得分高者排名靠前。例如，SEO关键词排名得分为"0"，则视为商家设置的标题关键词与客户搜索的词不匹配，不能参加SEO排名。

SEO关键词排名得分 = 关键词搜索相关性（数据魔方提供）× SEO关键词匹配方式得分。SEO关键词匹配方式分为：完全匹配、高度匹配、部分匹配。

只有当客户搜索的词与商家设置的标题关键词完全相同时称为完全匹配；当客户搜索的词是商家设置的标题关键词的子集时，称为高度匹配；当客户搜索的词与商家设置的标题关键词文字部分匹配时称为部分匹配。

当SEO关键词匹配方式为完全匹配时，SEO关键词匹配方式得分为1；当SEO关键词匹配方式为高度匹配时，SEO关键词匹配方式得分为0.5；当SEO关键词匹配方式为部分匹配时，SEO关键词匹配方式得分为0.2。

三、SEM推广

SEM推广即搜索引擎营销（search engine marketing，SEM），是指通过对自己所销售商品相关的关键词出具一定的竞价价格，在客户搜索其中某个关键词时，展示与该关键词相关的商品，并取得靠前的搜索排名。点击"经营流程"—"推广"—"SEM推广"—"新建推广计划"，即可创建SEM推广计划，如图5-18所示。

图 5-18　SEM 推广

商家在进行推广时需要制订推广计划，推广计划包含每期推广限额，每个商家最多可以制订 4 个推广计划。SEM 推广账户余额为 "0" 时无法进行 SEM 推广，必须先充值才可以进行 SEM 推广。

SEM 商品排名得分 = 质量分 × 竞价价格。

质量分 = 关键词搜索相关性（数据魔方提供）× 0.4 + 商品绩效 × 0.06。

竞价价格：是指为使商品取得靠前的排名，为某关键词所出的一次点击的价格。

SEM 关键词匹配方式分为：精确匹配、中心匹配、广泛匹配。精确匹配时，只有当客户搜索的词与商家投放的关键词完全相同才能被搜索到；中心匹配时，当客户搜索的词是商家投放的关键词的子集时也能被搜索到；广泛匹配时，客户搜索的词与商家投放的关键词有一部分相同即可被搜索到。

商品绩效得分 = 商品点击率得分 + 商品点击量得分 + 商品转化率得分 + 商品转化量得分 + 商品退单率得分 + 保修得分。

$$商品点击率得分 = \begin{cases} 商品点击率 \geqslant 商品平均点击率 \rightarrow 20分 \\ 商品点击率 < 商品平均点击率 \rightarrow \frac{商品点击率}{商品平均点击率} \times 20分 \end{cases}$$

$$商品点击量得分 = \begin{cases} 商品点击量 \geqslant 商品平均点击量 \rightarrow 10分 \\ 商品点击量 < 商品平均点击量 \rightarrow \frac{商品点击量}{商品平均点击量} \times 10分 \end{cases}$$

$$商品转化率得分 = \begin{cases} 商品转化率 \geqslant 商品平均转化率 \rightarrow 20分 \\ 商品转化率 < 商品平均转化率 \rightarrow \frac{商品转化率}{商品平均转化率} \times 20分 \end{cases}$$

$$商品转化量得分 = \begin{cases} 商品转化量 \geqslant 商品平均转化量 \rightarrow 10分 \\ 商品转化量 < 商品平均转化量 \rightarrow \frac{商品转化量}{商品平均转化量} \times 10分 \end{cases}$$

商品退单率得分 =（1 - 商品退单率）× 30 分

$$保修得分 = \begin{cases} 提供 \rightarrow 20分 \\ 不提供 \rightarrow 0分 \end{cases}$$

四、SEM管理

SEM管理是指根据推广计划，针对每种商品可以设计不同的推广组，每个推广组可以根据关键词制定相应的出价策略，如图5-19所示。

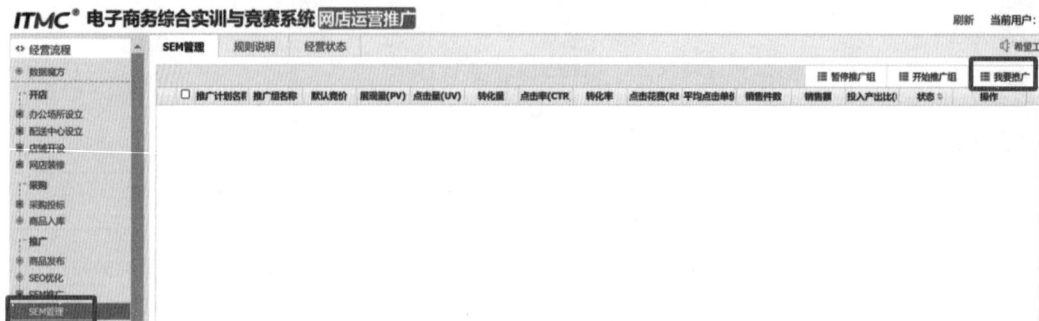

图5-19　SEM管理的"我要推广"操作页面

SEM管理中每个推广计划包含若干个推广组，每个推广组对应一个商品，同样每个商品也只对应一个推广组，所以针对同一个商品的不同关键词设定不同的竞价价格可以更好地达到SEM推广效果。

商家实际为某个SEM关键词的一次点击所支付的费用=该关键词排名下一名的竞价价格 × （下一名的质量得分/商家自己的质量得分）+0.01。

五、团购

团购是指根据经营需求，商家组织针对某种商品的团购活动，用来吸引犹豫不定人群的购买需求，增加店铺人气和商品人气。点击"经营流程"—"推广"—"团购"—"添加"，填写团购名称、团购的商品、团购折扣、最少购买数量和商家编码等团购的基本信息后，点击"保存"，即可完成团购活动的添加。窗口的右侧上方还有"删除""下架""上架"选项，可以对团购活动进行相应的操作，如图5-20所示。

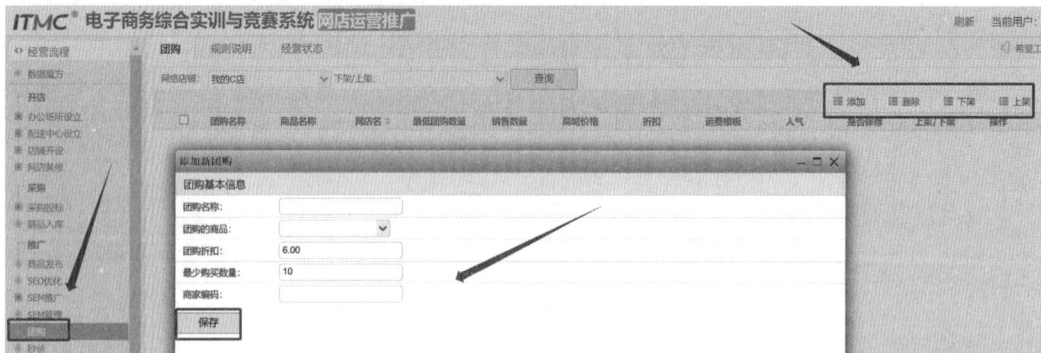

图5-20　添加新团购

团购价格=商品价格 × 团购折扣。客户享受折扣额按照商家填写折扣数值享受，比如九折，就填写9。一个团购活动的收益是可以获得商品人气2、店铺人气2。团购活动的适用对象是犹豫不定人群。

六、秒杀

秒杀是指根据经营需求，商家发布若干件折扣为五折的商品，用来吸引客户抢购，迅速增加店铺人气、商品人气。秒杀活动适用于滞销商品，通过降低价格，吸引客户抢购。在ITMC系统中，秒杀价格=商品价格×50%，一条秒杀活动的收益是可以获得商品人气4、店铺人气4。秒杀适用于所有人群。

七、套餐

套餐是指根据经营需求，商家对多种商品进行组合搭配销售，用来吸引客户抢购，增加店铺人气、商品人气。如图5-21所示，点击"经营流程"—"推广"—"套餐"—"添加新套餐"，选填套餐名称、活动网店、套餐价格、套餐件数、套餐物流信息和售后保障信息后，点击"保存"，即可完成套餐添加。

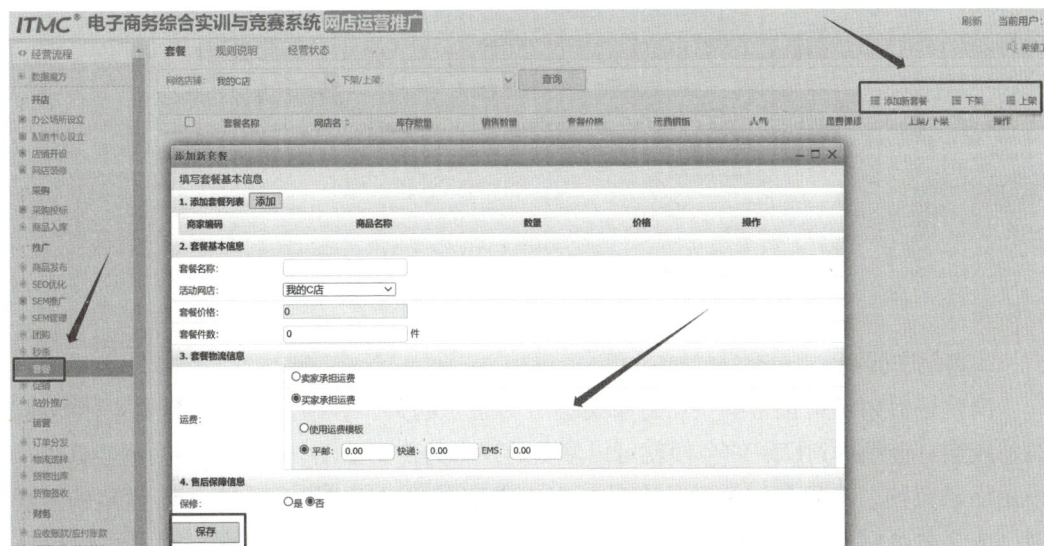

图 5-21　添加新套餐

套餐可组合多种商品搭配出售，套餐价格等于套餐内所有商品的单价的总和。套餐内商品的单价由商家制定，但是套餐内不管是引流商品，还是套餐内其余商品均不能高于当地商品一口价。即正常购买的商品一口价+物流运费>套餐内引流商品单价+套餐物流运费。

例如：商家正常购买A商品一口价为5，物流运费为2，商家提供套餐为商品A单价为4，商品B单价为3，套餐物流运费为2。某客户欲购买商品A，则商品A为引流商品。判定1：商家正常购买一件商品A总共花费5+2=7；购买商家提供的套餐商品A的花费4+2=6；如果7>6，则判定1成功；否则判定失败，客户放弃购买套餐。判定2：判定1成功后判定B产品是否低于当地商品一口价，如果高于，则判定失败，客户放弃购买套餐；否则判定成功，客户购买套餐。

在添加套餐时，套餐数量未设定预售上限，不受库存数量限制。套餐商品只生成一个订单。一个套餐订单的收益是可以获得店铺人气2、商品人气2。套餐适用于所有人群。

八、促销

促销是指根据经营需求，商家对某种或某几种商品进行满就送促销、多买折扣促销、买第几件折扣促销，用来吸引客户抢购，增加店铺人气、商品人气。一笔促销订单的收益是可以获得店铺人气 2、商品人气 2。促销活动适用于所有购买人群。点击"经营流程"—"推广"—"促销"，如图 5-22 所示，可以看到促销活动包括满就送促销、多买折扣促销和买第几件折扣促销 3 种方式。

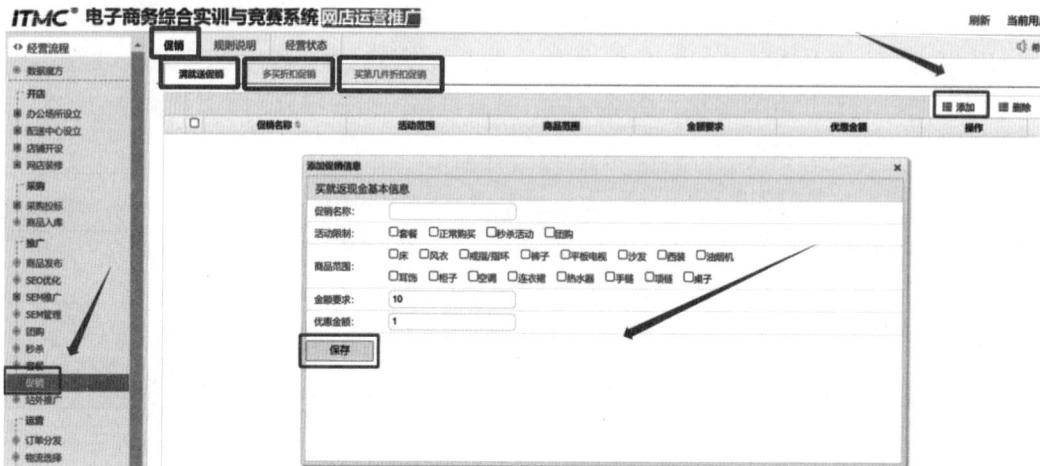

图 5-22　添加满就送促销

1.满就送促销

满就送促销是指正常购买（订单类型分为正常购买、秒杀、团购、套餐 4 种类型）时的成交总金额达到设定的金额就可以享受返现金的优惠活动。商家可以根据经营需求设定活动范围，选择参加活动的商品。当正常购买的成交总金额大于等于设定的金额时，成交总金额＝商品价格 × 商品件数－总优惠额，或者成交总金额＝商品一口价 × 商品件数＋正常购买时总物流运费－总优惠额。

例如：商品一口价为 5，商品件数为 4，总物流运费为 4，满 20 送 3；此时，$5 \times 4 + 4 > 20$，所以成交总金额 $= 5 \times 4 + 4 - 3 = 21$。

2.多买折扣促销

多买折扣促销是指顾客一次性正常购买数量达到设定值，促销后成交总金额全部按折扣后金额付款。享受折扣额按照商家填写折扣数值享受，比如九折，就填写 9。成交总金额＝商品价格 × 商品件数 × 折扣数值 × 0.1，或者成交总金额＝（商品一口价 × 商品件数＋正常购买时总物流运费）× 折扣数值 × 0.1。例如：商品一口价 5，商品件数 4，总物流运费 4，买 4 件 8 折；此时，成交总金额 $=（5 \times 4 + 4）\times 8 \times 0.1 = 19.2$。

3.买第几件折扣促销

买第几件折扣促销是指设定一个第几件折扣数，当购买的商品数量达到这个数量时，本件商品即享受优惠折扣，下一件商品再重新计数，以此类推。折扣额直接填写折扣数，如九折就填写 9。此时，成交总金额＝商品价格 × 商品件数－单个优惠金额 × 优惠商品数量;单个优惠金额=商品价格×（1−折扣数值×0.1）;优惠商品数量（向下取整）=（商品件数/第几件折扣数）。

九、站外推广

站外推广是指根据公司经营需求，商家可以对已经筹建完成的B店发布的商品，选择央视、网络广告联盟、百度3种媒体中的一种或多种进行推广，用来吸引品牌人群的购买需求，增加店铺人气、商品人气。值得注意的是，ITMC系统中的站外推广只有B店可以应用，C店是不可以应用站外推广的。站外推广只能吸引品牌人群的购买，而品牌人群在第三轮第二期才出现。站外推广有百度、央视和网络广告联盟，每种媒体的影响力、得到关系值和最低投放额度都不同，网店运营人员需要根据具体需要选择媒体。具体操作如图5-23所示，点击"经营流程"—"推广"—"站外推广"—"添加"，选填推广商品、推广方式和投标价格，点击"保存"，即完成一项站外推广操作。

图 5-23 添加站外推广

1.各类人群成交规则

一般情况下，订单的成交顺序是：品牌人群≥低价人群≥综合评价人群≥犹豫不定人群。

（1）品牌人群成交规则

通过媒体影响力、商品一口价、商品评价及城市影响力计算出品牌人群成交指数，根据客户对物流方式、发票、售后服务的要求确定具备成交资格的商家，从而计算出每个具备成交资格的商家的品牌人群成交百分比（即商家在订单交易过程中获得订单的概率），系统根据品牌人群成交百分比确定成交商家。品牌人群流量来源主要是站外媒体引流。

品牌人群成交指数=（媒体影响力/市场总媒体影响力）×60+商品均价/（商品一口价+商品均价）×10+商品评价/符合要求的商家商品评价×20+城市影响力/符合要求的商家城市影响力×10。

品牌人群成交百分比=品牌人群成交指数/符合要求的品牌人群成交指数之和。

商家若想具备成交资格，商家商品必须做站外推广，商家商品必须为B店的商品，商家企业信誉度不能为负数，商家必须支持客户对物流方式、售后服务的要求（有概率为15%的顾客需要售后服务）。

商品评价=所有订单商品评价之和÷订单总数量。每张订单正常交货5，发货拒收违约4，未发货违约3。

城市影响力：在该城市每交货一次城市影响力加1。

（2）低价人群成交规则、

根据客户对物流方式、售后服务的要求确定具备成交资格的商家，再根据商品价格最低顺序决定成交的商家，若商品价格相同，则客户继续按照以下顺序依次判断是否成交：①评价大于5且最高；②城市影响力最高；③媒体影响力最高；④综合评价指数最高；⑤店铺视觉值最高；⑥店铺总媒体影响力最高；⑦社会慈善最高；⑧店铺总人气最高。商家若想具备成交资格，必须支持客户对物流方式、售后服务的要求（有概率为15%的顾客需要售后服务）。

（3）综合人群成交规则

通过综合评价指标、商品一口价、商品评价及城市影响力计算出综合人群成交指数，根据客户对物流方式、售后服务的要求确定具备成交资格的商家，从而计算出每个具备成交资格的商家的综合人群成交百分比（即商家在订单交易过程中获得订单的概率），系统再根据综合人群成交百分比确定成交的商家。

综合人群成交指数=（综合评价指数÷整个市场综合评价指数之和）×60+商品均价÷（商品一口价+商品均价）×10+（商品评价÷符合要求的商家商品评价之和）×20+（城市影响力÷符合要求的商家城市影响力之和）×10。

综合人群成交百分比=综合人群成交指数÷符合要求的综合人群成交指数之和。

商家若想具备成交资格，商家企业信誉度不能为负数，必须支持客户对物流方式、售后服务的要求（有概率为15%的顾客需要售后服务）。

（4）犹豫不定人群成交规则

犹豫不定人群分团购、秒杀和促销三部分需求，按团购、秒杀、促销的顺序独立判断成交的商家。

商家成交条件如下：①组织相应团购、秒杀和促销活动；②促销后优惠额度最大的优先成交。

2.店内推广成交规则

（1）团购

犹豫不定的人群有50%的概率会参与团购活动，参与团购的客户会自动选择团购价格最低的参团；系统根据是否达到最少成团数量判断是否成团，若成团则确定买卖双方交易完成；只要有客户参团，无论最后是否成团，商家的店铺人气和商品人气都会+1；若成交，则店铺人气和商品人气都会+2。

（2）秒杀

没有参与团购的犹豫不定的人群有 50% 的概率会参与秒杀活动，参与秒杀的客户会自动选择秒杀价格最低的店铺进行交易；秒杀交易达成，则商家店铺人气和商品人气都会 +4。

（3）促销

没有参与"团购"和"秒杀"的犹豫不定人群必定会参与 3 种促销中的 1 种，并选择优惠额度最大的促销方式完成交易。

若团购价格、秒杀价格或者促销优惠额度相同，则客户继续按照以下顺序依次判断是否成交：①媒体影响力最高；②综合评价指数最高；③店铺视觉值最高；④店铺总媒体影响力最高；⑤社会慈善最高；⑥店铺总人气最高。促销交易达成，则商家店铺人气和商品人气都会 +2。商家若想具备犹豫不定人群的成交资格，必须支持客户对物流方式的要求。

🎯 任务五　运营评估

ITMC 系统中针对网店的运营评估主要是经营分析模块。经营分析模块包括市场预测图、现金流量表、财务报表、市场占有率、订单汇总统计、已交货订单统计、未交货订单统计、进店关键词分析、驾驶舱和杜邦分析等。

一、市场预测图

市场预测图是各类商品的市场走势情况，包括市场总价值需求、市场总数量需求、市场平均价格预测等。点击"经营分析"—"市场预测图"—"商品"（选填），如图 5-24 所示，横轴表示运营所在的期数，纵轴的数据表示商品总价值、总数量或者平均价格。

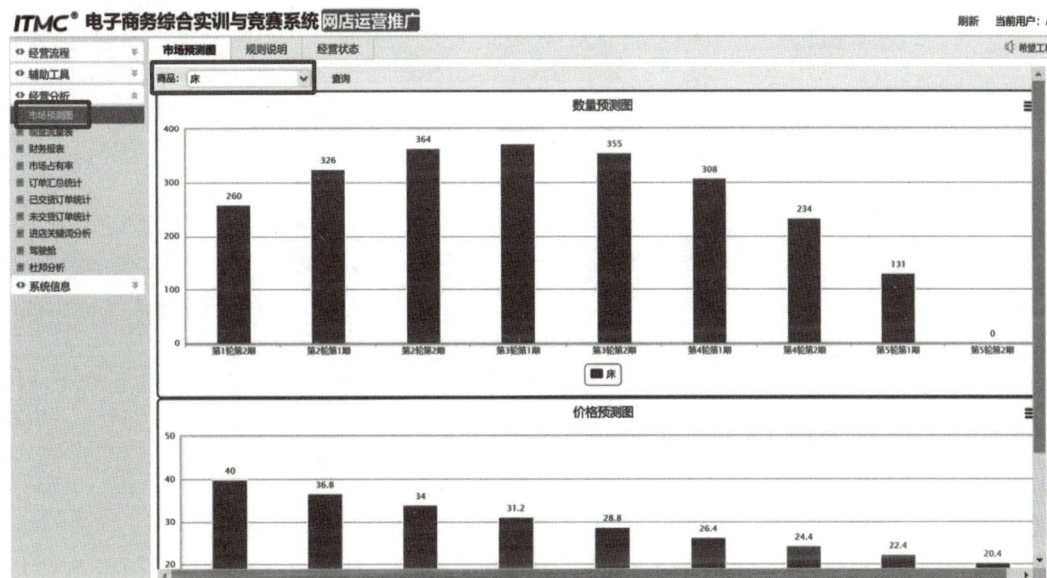

图 5-24　市场预测图

二、现金流量表

现金流量表是财务报表的三个基本报告之一，体现的是在一个时期内网店现金的增减变动情况。通过现金流量表，网店运营人员可以了解经营活动和筹资活动所带来的现金流入与流出状况，为下一期的经营策略制定提供依据。学生端的现金流量表可以查看现金流量统计和现金流量明细两个部分。双击表中的某一财务科目，可以查看该科目对应的现金流入和流出具体明细，包括期数、项目明细和变动金额等，如图 5-25 所示。

图 5-25　现金流量表

三、财务报表

财务报表通过利润表和资产负债表反映企业的财务状况，通过分析财务报表可以了解企业的财务状况和经营成果，从而为公司的下一步经营决策提供依据，如图 5-26 所示。

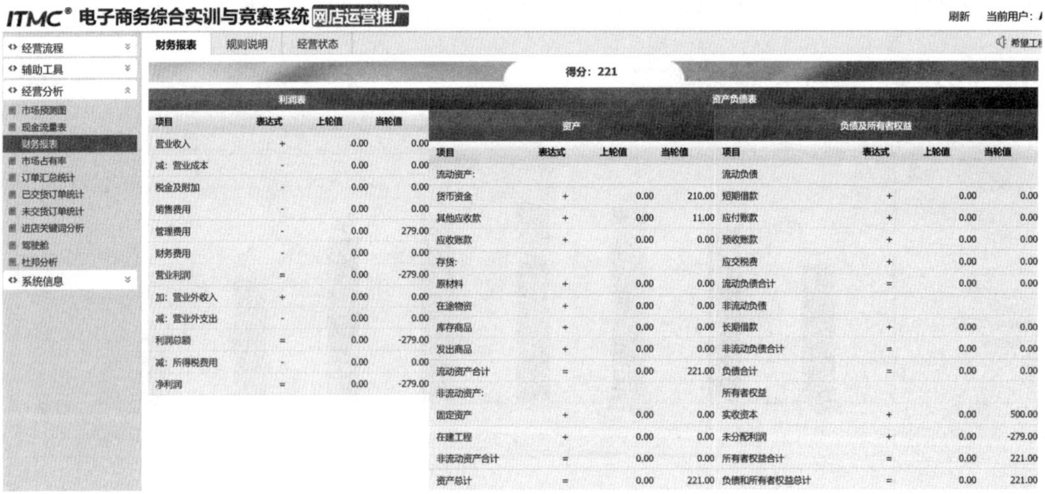

图 5-26　财务报表

四、市场占有率

市场占有率是指在一定时期内，企业所经营的商品在其市场的销售量（销售额）占同类商品销售量（销售额）的比重。在 ITMC 系统中，商家可以按照经营时间（期数）

查询所经营的商品（单品或所有）在综合人群、品牌人群、低价人群和犹豫不定等各类人群的市场占有率。市场占有率以饼图形式展现，网店经营者可根据饼图的横向和纵向对比分析网店与竞争对手的绩效情况。横向分析是对同一期间各企业市场占有率的数据进行对比，用于确定某企业在本期（轮）的市场地位。纵向分析是对同一企业不同时期（轮）市场占有率的数据进行对比，由此可见企业历年来市场占有率的变化，这也从侧面反映了企业成长的历程。

五、订单汇总统计

订单汇总统计为网店运营人员提供了查询本店铺订单信息的功能。学生端可以查询每轮销售商品的销售额统计分析图，教师端可以通过订单信息统计查询每家店铺每轮的销售商品的销售额统计分析图。订单汇总统计显示为一轮一张柱状图，每张柱状图的横轴为商品名称，纵轴为对应的销售额。

六、已交货订单统计

网店运营人员可以在经营分析模块下的"已交货订单统计"一栏中查询本店铺的已交货订单信息。网店运营人员可以选择期数和轮数查询商品名、城市名称、合计数量、平均价格及合计金额等已交货订单信息。

七、未交货订单统计

网店运营人员可以在经营分析模块下的"未交货订单统计"一栏中查询本店铺的未交货订单信息，具体包括商品名称、城市名称、合计数量、平均价格及合计金额等。

八、进店关键词分析

ITMC 系统模拟企业经营的关键是 SEO 和 SEM 的引流与转化，本质是通过数据分析做好关键词营销。网店运营人员可以在经营分析模块下的"进店关键词分析"一栏中查询本店铺的进店关键词及关键词的点击量、转化率、点击花费、平均点击价格、销售额和投入产出比等信息。

九、驾驶舱

驾驶舱为网店运营人员提供了查询本店铺当前资金、负债率，以及人均利润率趋势和累计营业收入成本分析等相关数据，通过详尽的指标体系，实时反映网店运营状态，将采集的数据形象化、直观化和具体化展现出来。

十、杜邦分析

杜邦分析模块为网店运营人员提供了分析企业财务状况和经济效益的功能。杜邦分析体系是利用各个主要财务比率之间的内在联系，综合地分析和评价企业财务状况和盈利能力的方法，它以所有者净资产收益率为核心，将其分解为若干财务指标，通过分析各分解指标的变动对净资产收益率的影响来揭示网店获利能力及其变动原因。图 5-27 为某企业的杜邦分析图。

ITMC® 电子商务综合实训与竞赛系统 网店运营推广

| 杜邦分析 | 规则说明 | 经营状态 |

经营流程

辅助工具

经营分析
- 市场预测图
- 现金流量表
- 财务报表
- 市场占有率
- 订单汇总统计
- 已交货订单统计
- 未交货订单统计
- 进店关键词分析
- 驾驶舱
- 杜邦分析

系统信息

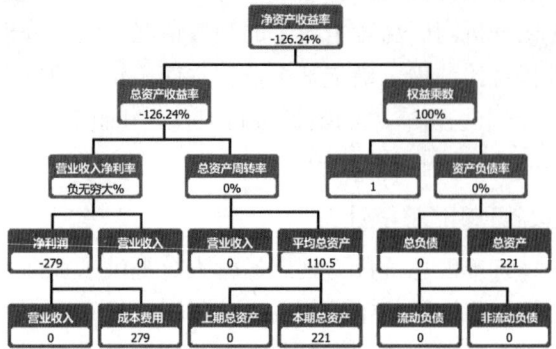

第1轮，第A1站杜邦分析图

图 5-27　杜邦分析体系示例

【知识链接】

数据分析工作对企业的经营发展有着至关重要的作用，是对企业经营各个环节所产生的数据进行深层挖掘而做出的报告，对企业的策略制定和运营活动具有重要的指导意义。

一、销售数据

销售数据分析在电子商务网店运营中具有重要的作用。通过分析销售数据，可以帮助网店经营者了解产品销售情况、市场趋势和客户行为，从而制定有效的营销策略和业务决策。

首先，销售数据分析可以提供关于产品销售情况的详细信息。经过数据分析，可以了解每个产品的销售数量、销售额、销售渠道等信息，以及销售的地理分布和时间趋势。这些数据可以帮助网店经营者了解哪些产品受欢迎，哪些产品需要调整或淘汰，以及如何优化产品组合和库存管理。

其次，销售数据分析可以揭示市场趋势和客户行为。通过分析销售数据，可以了解市场的需求和趋势，以及客户的购买偏好和行为习惯。这些信息对于制定市场营销策略、推出新产品和服务以及调整定价策略非常重要。通过了解客户的购买行为，网店经营者还可以优化用户体验和提高客户满意度。

分析销售数据的方法可以包括以下几个方面。第一，可以通过建立数据库来收集和存储销售数据。这些数据可以包括订单信息、支付信息、产品信息等。第二，可以使用数据分析工具和技术，如数据挖掘、统计分析和机器学习算法，对销售数据进行分析和挖掘隐藏的信息。第三，可以使用数据可视化工具，如图表、报表和仪表盘，将分析结果直观地展示出来，以便网店经营者更好地理解和利用这些数据。

最后，在销售数据分析中，一些关键指标可以用来评估和监测网店的销售情况。其中包括销售额、销售量、订单数量、客单价、销售渠道占比、销售增长率等。这些指标可以帮助网店经营者了解销售的整体表现和趋势，以及不同产品、渠道和市场的表现差异，从而制定相应的销售策略和目标。

二、客户数据

通过对客户数据的分析，网店经营者可以了解客户的行为、需求和偏好，从而制定个性化的营销策略，提供更好的客户服务，并提升客户满意度和忠诚度。

1.客户数据分析的重要性

客户数据分析也是电子商务网店运营人员必备的技能，其重要性体现在以下几个方面。

①了解客户行为：通过客户数据分析，可以了解客户的购买行为、浏览习惯、留存率等，从而深入了解客户需求和喜好，为网店提供个性化的产品和服务。

②精准营销：通过客户数据分析，可以对客户进行细分，了解不同客户群体的特点和需求，从而制定针对性的营销策略，提高营销效果和转化率。

③提升客户满意度：通过客户数据分析，可以了解客户对产品和服务的评价和反馈，

及时发现问题并采取措施解决，提升客户满意度和忠诚度。

④优化客户体验：通过客户数据分析，可以了解网店客户的行为轨迹和使用习惯，从而优化网店的界面设计和功能布局，提升客户留存率和转化率。

2.客户数据分析的方法

①数据收集：通过网店的客户注册、购买行为、浏览记录等，收集与客户相关的数据。同时，还可以通过调研问卷、客户反馈等方式主动收集客户的意见和建议。

②数据清洗和整合：对收集到的客户数据进行清洗和整合，去除重复数据和错误数据，将不同数据源的数据整合在一起，为后续的分析做准备。

③数据统计和挖掘：使用统计学和数据挖掘的方法，对客户数据进行分析，发现其中的规律和关联。常用的数据分析方法包括聚类分析、关联规则分析、时间序列分析等。

④数据可视化：将分析结果进行可视化展示，使用图表、报表等形式呈现，使得数据更加直观和易于理解。常用的数据可视化工具包括Tableau、Power BI等。

3.客户数据分析的工具

①数据分析工具：常用的数据分析工具包括Excel、SPSS、R、Python等。这些工具具有强大的数据处理和分析能力，可以进行各种统计分析和建模。

②数据可视化工具：常用的数据可视化工具包括Tableau、Power BI、D3.js等。这些工具可以将数据转化为图表、报表等形式，使得数据更加直观和易于理解。

③数据库工具：常用的数据库工具包括MySQL、Oracle、SQL Server等。这些工具可以用于存储和管理客户数据，提供高效的数据查询和处理能力。

4.客户数据分析的关键指标

①购买转化率：购买转化率是指访问网店后最终完成购买的客户比例。通过分析购买转化率，可以了解网店的销售效果和用户购买行为。

②留存率：留存率是指客户在一定时间内继续使用网店的比例。通过分析留存率，可以了解客户的忠诚度和网店的用户黏性。

③平均订单价值：平均订单价值是指每个订单的平均销售金额。通过分析平均订单价值，可以了解客户的购买能力和消费偏好。

④用户活跃度：用户活跃度是指用户在一定时间内的活动频率和参与程度。通过分析用户活跃度，可以了解客户的参与度和忠诚度。

⑤用户满意度：用户满意度是指客户对产品和服务的满意程度。通过分析用户满意度，可以了解客户的需求和改进的方向。

总之，客户数据分析在电子商务网店的运营中具有重要的作用。通过对客户数据的分析，可以帮助网店了解客户需求和行为，优化运营策略，提高客户满意度和销售业绩。同时，选择适合的数据分析工具和关键指标，可以更加高效地进行客户数据分析。

微课精讲：网店数据分析工具 　　　　　　　　　　　学习笔记

_____

_____

_____

三、竞争数据

　　网店运营的竞争数据分析对于电子商务行业的发展和网店竞争力的提升至关重要。通过对竞争数据的分析，企业可以了解市场上的竞争态势，发现自身的优势和劣势，制定相应的营销策略，提升销售业绩和客户满意度。

　　竞争数据分析的方法可以分为定性分析和定量分析两种。定性分析主要通过市场调研、竞品分析和用户反馈等方式，了解竞争对手的产品特点、市场定位、价格策略、营销手段等信息。这些信息可以帮助企业了解竞争对手的优势和劣势，分析其市场占有率和增长趋势，从而制定相应的竞争策略。定量分析则是通过大量的数据收集和统计分析，挖掘出更深层次的竞争数据。其中，关键指标包括销售额、销售量、订单数量、转化率、客单价、退货率、用户满意度等。通过对这些指标的分析，可以了解企业在市场中的地位和竞争对手之间的差距，进而制定合理的目标和策略。

微课精讲：网店运营策划书的撰写 　　　　　　　　　　学习笔记

_____

_____

_____

【评价反馈】详见表 5-2、表 5-3、表 5-4 和表 5-5。

表 5-2　个人自评打分表

班级		姓名		日期	年　月　日
评价指标	评价内容			分数	分数评定
信息检索	能有效利用网络、图书资源、工作手册查找有用的相关信息等；能用自己的语言有条理地去解释、表述所学知识；能将查到的信息有效地传递到工作中			10 分	
感知工作	熟悉作图步骤，认同工作价值；在工作中能获得满足感			10 分	
参与态度	积极主动参与工作，能吃苦耐劳，崇尚劳动光荣、技能宝贵；与教师、同学之间相互尊重、理解、平等；与教师、同学之间能够保持多向、丰富、适宜的信息交流			10 分	
	探究式学习、自主学习不流于形式，处理好合作学习和独立思考的关系，做到有效学习；能提出有意义的问题或能发表个人见解；能按要求正确操作；能够倾听别人意见、协作共享			10 分	
学习方法	学习方法得体，有工作计划；操作技能符合规范要求；能按平台要求正确操作；获得了进一步学习的能力			10 分	
工作过程	遵守管理规程，操作过程符合平台管理要求；平时上课的出勤情况和每天完成工作任务情况；善于多角度分析问题，能主动发现、提出有价值的问题			15 分	
思维态度	能发现问题、提出问题、分析问题、解决问题、创新问题			10 分	
自评反馈	按时按质完成工作任务；较好地掌握了专业知识点；具有较强的信息分析能力和理解能力；具有较为全面严谨的思维能力并能条理清楚、明晰地表达成文			25 分	
个人自评分数					
有益的经验和做法					
总结反馈建议					

表 5-3　小组自评打分表

班级		组名		日期	年　月　日
评价指标	评价内容			分数	分数评定
信息检索	能有效利用网络、图书资源、工作手册查找有用的相关信息等；能用自己的语言有条理地去解释、表述所学知识；能将查到的信息有效地传递到工作中			10 分	
感知工作	熟悉作图步骤，认同工作价值；在工作中能获得满足感			10 分	
参与态度	积极主动参与工作，能吃苦耐劳，崇尚劳动光荣、技能宝贵；与教师、同学之间相互尊重、理解、平等；与教师、同学之间能够保持多向、丰富、适宜的信息交流			10 分	
	探究式学习、自主学习不流于形式，处理好合作学习和独立思考的关系，做到有效学习；能提出有意义的问题或能发表个人见解；能按要求正确操作；能够倾听别人意见、协作共享			10 分	
学习方法	学习方法得体，有工作计划；操作技能符合规范要求；是否能按平台要求正确操作；获得了进一步学习的能力			10 分	
工作过程	遵守管理规程，操作过程符合平台管理要求；平时上课的出勤情况和每天完成工作任务情况；善于多角度分析问题，能主动发现、提出有价值的问题			15 分	
思维态度	能发现问题、提出问题、分析问题、解决问题、创新问题			10 分	
自评反馈	按时按质完成工作任务；较好地掌握了专业知识点；具有较强的信息分析能力和理解能力；具有较为全面严谨的思维能力并能条理清楚、明晰地表达成文			25 分	
小组自评分数					
有益的经验和做法					
总结反馈建议					

表5-4 小组间互评表

班级		被评组名		日期	年 月 日
评价指标	评价内容			分数	分数评定
信息检索	该组能有效利用网络、图书资源、工作手册查找有用的相关信息等			5分	
	该组能用自己的语言有条理地去解释、表述所学知识			5分	
	该组能将查到的信息有效地传递到工作中			5分	
感知工作	该组熟悉作图步骤，认同工作价值			5分	
	该组成员在工作中能获得满足感			5分	
参与态度	该组与教师、同学之间相互尊重、理解、平等			5分	
	该组与教师、同学之间能够保持多向、丰富、适宜的信息交流			5分	
	该组能处理好合作学习和独立思考的关系，做到有效学习			5分	
	该组能提出有意义的问题或能发表个人见解；能按要求正确操作；能够倾听别人意见、协作共享			5分	
	该组能积极参与，在网店创建、装修、运营推广过程中不断学习，综合运用网店运营的能力得到提高			5分	
学习方法	该组的工作计划、操作技能符合规范要求			5分	
	该组获得了进一步发展的能力			5分	
工作过程	该组遵守管理规程，操作过程符合平台管理要求			5分	
	该组平时上课的出勤情况和每天完成工作任务情况			5分	
	该组成员能按时完成网店运营和推广的相关作品，并善于多角度分析问题，能主动发现、提出有价值的问题			15分	
思维态度	该组能发现问题、提出问题、分析问题、解决问题、创新问题			5分	
自评反馈	该组能严肃认真地对待自评，并能独立完成自测试题			10分	
互评分数					
简要评述					

表5-5 教师评价表

班级		组名		姓名	
出勤情况					
评价内容	评价要点	考察要点		分数	分数评定
1.任务描述、接受任务	口述内容细节	（1）表述仪态自然、吐字清晰		2分	表述仪态不自然或吐字模糊扣1分
		（2）表达思路清晰、层次分明、准确			表达思路模糊或层次不清扣1分
2.任务分析、分组情况	依据平台要求尺寸和标准	（1）分析平台网店作品要求的关键点准确		3分	表达思路模糊或层次不清扣1分
		（2）涉及理论知识回顾完整，分组分工明确			知识不完整扣1分，分工不明确扣1分
3.制订计划	制作装修和推广素材	装修和推广素材数量和规范（包括标题、尺寸、美观、营销要素等）		5分	一处表达不清楚或层次不清扣1分，扣完为止
	制订营销计划和运营管理规范	制订营销计划；制定成员管理规范		10分	营销计划内容缺少一项扣1分，成员管理规范不合理的地方一处扣1分，扣完为止
4.计划实施	装修素材	（1）网店创建、店标LOGO设计制作		5分	每漏一项扣1分
		（2）店招设计与制作			尺寸不符或信息有误扣1分
		（3）横幅广告设计与制作			轮播图片不满3幅扣1分
	营销计划	（1）商品准确发布与管理		5分	每有一个信息错误扣1分，扣完为止
		（2）营销方案合理		5分	营销方案符合企业实际，每有不合理处扣1分
		（3）营销作品呈现		40分	
	运营管理	（1）网店整理美观大方，风格与产品和企业形象相符合		3分	
		（2）员工分工明确，任务搭配合理		2分	
5.检测	产品图片详情页信息	图片规范、信息准确度		5分	错一个扣1分
6.总结	任务总结	（1）依据自评分数		2分	
		（2）依据互评分数		3分	
		（3）依据个人总结评分报告		10分	依据总结内容是否到位酌情给分
合计				100分	

【思考与练习】

1. 单选题：通过分析（　　），可以帮助网店经营者了解产品销售情况、市场趋势和客户行为，从而制定有效的营销策略和业务决策。

　　A.市场行情　　　　　　　　　　B.浏览数据

　　C.销售数据　　　　　　　　　　D.客户数据

2. 单选题：（　　）指访问网店后最终完成购买的客户比例，可以了解网店的销售效果和用户购买行为。

　　A.购买转化率　　　　　　　　　B.留存率

　　C.平均订单价值　　　　　　　　D.用户活跃度

3. 单选题：（　　）是指用户在一定时间内的活动频率和参与程度，可以了解客户的参与度和忠诚度。

　　A.购买转化率　　　　　　　　　B.用户活跃度

　　C.平均订单价值　　　　　　　　D.用户满意度

4. 多选题：分析销售数据，具有以下作用（　　）。

　　A.销售数据分析可以提供关于产品销售情况的详细信息。

　　B.销售数据分析可以揭示市场趋势和客户行为。

　　C.销售数据分析可以提升消费者的满意度。

　　D.在销售数据分析中，一些关键指标可以用来评估和监测网店的销售情况。

5. 常用的网店数据分析工具有哪些？掌握这些网店数据分析工具的应用方法。

6. 能够根据网店具体的运营数据与统计结果，调整运营策略，并为该网店撰写一份改善运营的策划书。

项目五练习参考
答案

参考文献

[1] 白东蕊. 网店运营与管理：视频指导版[M]. 2版. 北京：人民邮电出版社，2021.

[2] 白东蕊. 新媒体营销与案例分析[M]. 北京：人民邮电出版社，2022.

[3] 北京鸿科经纬科技有限公司. 网店运营基础实训[M]. 2版. 北京：高等教育出版社，2022.

[4] 邓志新. 跨境电商：理论、操作与实务[M]. 北京：人民邮电出版社，2018.

[5] 何伟. 电子商务企业经营沙盘模拟教程[M]. 2版. 北京：电子工业出版社，2018.

[6] 林海. 新媒体营销[M]. 2版. 北京：高等教育出版社，2021.

[7] 魏明. 网店运营与推广[M]. 北京：电子工业出版社，2019.

[8] 严珩，张华. 网店运营：流量优化 内容营销 直播运营（慕课版）[M]. 北京：人民邮电出版社，2022.

[9] 杨丽霞，姚大伟，李小玲. 跨境电商实务英汉教程[M]. 北京：中国商务出版社，2022.

[10] 章玎玎，朱合圣. 网店运营与管理[M]. 北京：人民邮电出版社，2022.

[11] 赵爱香，唐洁. 电子商务沙盘运营与推广[M]. 北京：人民邮电出版社，2019.

附　录

附录1　任务分组表格

表1　学生任务分配表

班级		网店名称		指导教师	
组长/学号		组名			
任务分工					
团队成员	学号	负责的分任务	数量（单位）		完成时间

附录 2　任务单

表 1　网店规划任务单

调研目的		运营要求:
调研内容		调研的目的、内容、方法正确合理;
调研方法		调研的市场现状符合现实情况; 调研
行业现状分析		的市场发展趋势合理; 商品选品依据
行业发展趋势		充分; 网店定位合理
商品选品		
网店定位		
其他		

表 2　网店开设任务单

网店名称			链接地址		
序号	任务名称	完成情况（请根据实际在括号后打√或填写）			运营要求
1	网店创建	完成注册（　）实名认证（　） 绑定银行卡（　）网店名称（　） LOGO 设计与制作（　） 其他_____（　）			顺利完成网店的创建; 店名科学、有创意或容易记忆; LOGO 具有创意、美观
2	网店装修	店招设计与制作（　） BANNER 广告设计与制作（　） 导航条（　）详情页设计与制作（　） 其他_____（　）			店招美观有创意; BANNER 新颖性、有创意、广告信息传递明确; 导航条分类科学、清晰明确
3	商品发布	（发布的商品的种类和数量） 商品:_____（　）件 商品:_____（　）件 商品:_____（　）件 商品:_____（　）件 商品:_____（　）件 商品:_____（　）件			发布的商品达到一定的数量, 类目清晰, 详情页内容翔实、卖点突出, 有利于促进销售, 能够展示商品的优势等
其他说明					
接单时间		接单人		实训小组	

表3 网店管理任务单

网店名称				链接地址		
序号	任务名称	完成情况（请根据实际在括号后打√或填写）				运营要求
1	商品管理	完成注册（　）实名认证（　） 绑定银行卡（　）网店名称（　） LOGO设计与制作（　） 其他_____（　）				顺利完成网店的创建； 店名科学、有创意或容易记忆； LOGO具有创意、美观
2	物流管理	店招设计与制作（　） BANNER广告设计与制作（　） 导航条（　）详情页设计与制作（　） 其他_____（　）				店招美观有创意； BANNER新颖性、有创意、广告信息传递明确； 导航条分类科学、清晰明确
3	客户管理	（发布的商品的种类和数量） 商品：_____（　）件 商品：_____（　）件 商品：_____（　）件 商品：_____（　）件 商品：_____（　）件 商品：_____（　）件				发布的商品达到一定的数量，类目清晰，详情页内容翔实、卖点突出，有利于促进销售，能够展示商品的优势等
其他说明						
接单时间			接单人		实训小组	

表4 网店推广任务单

网店名称				链接地址		
序号	任务名称	完成情况（请根据实际在括号后打√或填写）				运营要求
1	图文推广	完成注册（　）实名认证（　） 绑定银行卡（　）网店名称（　） LOGO设计与制作（　） 其他_____（　）				顺利完成网店的创建； 店名科学、有创意或容易记忆； LOGO具有创意、美观
2	短视频推广	店招设计与制作（　） BANNER广告设计与制作（　） 导航条（　）详情页设计与制作（　） 其他_____（　）				店招美观有创意； BANNER新颖性、有创意、广告信息传递明确； 导航条分类科学、清晰明确
3	直播推广	（发布的商品的种类和数量） 商品：_____（　）件 商品：_____（　）件 商品：_____（　）件 商品：_____（　）件 商品：_____（　）件 商品：_____（　）件				发布的商品达到一定的数量，类目清晰，详情页内容翔实、卖点突出，有利于促进销售，能够展示商品的优势等
其他说明						
接单时间			接单人		实训小组	

表 5 网店评估任务单

网店名称				链接地址		
序号	任务名称	完成情况（请根据实际在括号后打√或填写）				运营要求
1	图文推广	完成注册（ ）实名认证（ ） 绑定银行卡（ ）网店名称（ ） LOGO 设计与制作（ ） 其他_____（ ）				顺利完成网店的创建； 店名科学、有创意或容易记忆； LOGO 具有创意、美观
2	短视频推广	店招设计与制作（ ） BANNER 广告设计与制作（ ） 导航条（ ）详情页设计与制作（ ） 其他_____（ ）				店招美观有创意； BANNER 新颖性、有创意、广告信息传递明确； 导航条分类科学、清晰明确
3	直播推广	（发布的商品的种类和数量） 商品:_____（ ）件 商品:_____（ ）件 商品:_____（ ）件 商品:_____（ ）件 商品:_____（ ）件 商品:_____（ ）件				发布的商品达到一定的数量，类目清晰，详情页内容翔实、卖点突出，有利于促进销售，能够展示商品的优势等
其他说明						
接单时间			接单人		实训小组	

附录3 评价反馈表

表1 个人自评打分表

班级		姓名		日期	年　月　日
评价指标	评价内容			分数	分数评定
信息检索	能有效利用网络、图书资源、工作手册查找有用的相关信息等；能用自己的语言有条理地去解释、表述所学知识；能将查到的信息有效地传递到工作中			10分	
感知工作	熟悉作图步骤，认同工作价值；在工作中能获得满足感			10分	
参与态度	积极主动参与工作，能吃苦耐劳，崇尚劳动光荣、技能宝贵；与教师、同学之间相互尊重、理解、平等；与教师、同学之间能够保持多向、丰富、适宜的信息交流			10分	
	探究式学习、自主学习不流于形式，处理好合作学习和独立思考的关系，做到有效学习；能提出有意义的问题或能发表个人见解；能按要求正确操作；能够倾听别人意见、协作共享			10分	
学习方法	学习方法得体，有工作计划；操作技能符合规范要求；能按平台要求正确操作；获得了进一步学习的能力			10分	
工作过程	遵守管理规程，操作过程符合平台管理要求；平时上课的出勤情况和每天完成工作任务情况；善于多角度分析问题，能主动发现、提出有价值的问题			15分	
思维态度	能发现问题、提出问题、分析问题、解决问题、创新问题			10分	
自评反馈	按时按质完成工作任务；较好地掌握了专业知识点；具有较强的信息分析能力和理解能力；具有较为全面严谨的思维能力并能条理清楚、明晰地表达成文			25分	
个人自评分数					
有益的经验和做法					
总结反馈建议					

表 2　小组自评打分表

班级		组名		日期	年　月　日
评价指标	评价内容			分数	分数评定
信息检索	能有效利用网络、图书资源、工作手册查找有用的相关信息等；能用自己的语言有条理地去解释、表述所学知识；能将查到的信息有效地传递到工作中			10 分	
感知工作	熟悉作图步骤，认同工作价值；在工作中能获得满足感			10 分	
参与态度	积极主动参与工作，能吃苦耐劳，崇尚劳动光荣、技能宝贵；与教师、同学之间相互尊重、理解、平等；与教师、同学之间能够保持多向、丰富、适宜的信息交流			10 分	
	探究式学习、自主学习不流于形式，处理好合作学习和独立思考的关系，做到有效学习；能提出有意义的问题或能发表个人见解；能按要求正确操作；能够倾听别人意见、协作共享			10 分	
学习方法	学习方法得体，有工作计划；操作技能符合规范要求；能按平台要求正确操作；获得了进一步学习的能力			10 分	
工作过程	遵守管理规程，操作过程符合平台管理要求；平时上课的出勤情况和每天完成工作任务情况；善于多角度分析问题，能主动发现、提出有价值的问题			15 分	
思维态度	能发现问题、提出问题、分析问题、解决问题、创新问题			10 分	
自评反馈	按时按质完成工作任务；较好地掌握了专业知识点；具有较强的信息分析能力和理解能力；具有较为全面严谨的思维能力并能条理清楚、明晰地表达成文			25 分	
小组自评分数					
有益的经验和做法					
总结反馈建议					

表3　小组间互评表

班级		被评组名		日期	年　月　日
评价指标		评价内容		分数	分数评定
信息检索	该组能有效利用网络、图书资源、工作手册查找有用的相关信息等			5分	
	该组能用自己的语言有条理地去解释、表述所学知识			5分	
	该组能将查到的信息有效地传递到工作中			5分	
感知工作	该组熟悉作图步骤，认同工作价值			5分	
	该组成员在工作中能获得满足感			5分	
参与态度	该组与教师、同学之间是否相互尊重、理解、平等			5分	
	该组与教师、同学之间能够保持多向、丰富、适宜的信息交流			5分	
	该组能处理好合作学习和独立思考的关系，做到有效学习			5分	
	该组能提出有意义的问题或能发表个人见解；能按要求正确操作；能够倾听别人意见、协作共享			5分	
	该组能积极参与，在网店创建、装修、运营推广过程中不断学习，综合运用网店运营的能力得到提高			5分	
学习方法	该组的工作计划、操作技能符合规范要求			5分	
	该组获得了进一步发展的能力			5分	
工作过程	该组遵守管理规程，操作过程符合平台管理要求			5分	
	该组平时上课的出勤情况和每天完成工作任务情况			5分	
	该组成员能按时完成网店运营和推广的相关作品，并善于多角度分析问题，能主动发现、提出有价值的问题			15分	
思维态度	该组能发现问题、提出问题、分析问题、解决问题、创新问题			5分	
自评反馈	该组能严肃认真地对待自评，并能独立完成自测试题			10分	
互评分数					
简要评述					

表 4 教师评价表

班级		组名		姓名	
出勤情况					
评价内容	评价要点	考察要点		分数	分数评定
1.任务描述、接受任务	口述内容细节	（1）表述仪态自然、吐字清晰		2分	表述仪态不自然或吐字模糊扣1分
		（2）表达思路清晰、层次分明、准确			表达思路模糊或层次不清扣1分
2.任务分析、分组情况	依据平台要求尺寸和标准	（1）分析平台网店作品要求的关键点准确		3分	表达思路模糊或层次不清扣1分
		（2）涉及理论知识回顾完整，分组分工明确			知识不完整扣1分，分工不明确扣1分
3.制订计划	制作装修和推广素材	装修和推广素材数量和规范（包括标题、尺寸、美观、营销要素等）		5分	一处表达不清楚或层次不清扣1分，扣完为止
	制订营销计划和运营管理规范	制订营销计划；制定成员管理规范		10分	营销计划内容缺少一项扣1分，成员管理规范不合理的地方一处扣1分，扣完为止
4.计划实施	装修素材	（1）网店创建、店标LOGO设计制作		5分	每漏一项扣1分
		（2）店招设计与制作			尺寸不符或信息有误扣1分
		（3）横幅广告设计与制作			轮播图片不满3幅扣1分
	营销计划	（1）商品准确发布与管理		5分	每有一个信息错误扣1分，扣完为止
		（2）营销方案合理		5分	营销方案符合企业实际，每有不合理处扣1分
		（3）营销作品呈现		40分	
	运营管理	（1）网店整理美观大方，风格与产品和企业形象相符合		3分	
		（2）员工分工明确，任务搭配合理		2分	
5.检测	产品图片详情页信息	图片规范、信息准确度		5分	错一个扣1分
6.总结	任务总结	（1）依据自评分数		2分	
		（2）依据互评分数		3分	
		（3）依据个人总结评分报告		10分	依据总结内容是否到位酌情给分
合计				100分	